全民阅读·经典小丛书

少年中国说

梁启超◎著
冯慧娟◎编

吉林出版集团股份有限公司

图书在版编目（CIP）数据

少年中国说 / 梁启超著；冯慧娟编. —长春：吉林出版集团股份有限公司，2015.6
（全民阅读. 经典小丛书）
ISBN 978-7-5534-7794-7

Ⅰ. ①少… Ⅱ. ①梁… ②冯… Ⅲ. ①梁启超（1873 ~ 1929）– 文集 Ⅳ. ①B259.1-53

中国版本图书馆 CIP 数据核字 (2015) 第 128467 号

SHAONIAN ZHONGGUO SHUO

少年中国说

作　　者：梁启超　著　冯慧娟　编
出版策划：孙　昶
选题策划：冯子龙
责任编辑：姜婷婷
排　　版：新华智品
出　　版：吉林出版集团股份有限公司
（长春市福祉大路 5788 号，邮政编码：130118）
发　　行：吉林出版集团译文图书经营有限公司
（http://shop34896900.taobao.com）
电　　话：总编办 0431-81629909　营销部 0431-81629880 / 81629881
印　　刷：北京一鑫印务有限责任公司
开　　本：640mm × 940mm 1/16
印　　张：10
字　　数：130 千字
版　　次：2015 年 10 月第 1 版
印　　次：2019 年 6 月第 3 次印刷
书　　号：ISBN 978-7-5534-7794-7
定　　价：32.00 元

印装错误请与承印厂联系　电话：18611383393

目录

目录

少年中国说

日本人之称我中国也，一则曰老大帝国，再则曰老大帝国。是语也，盖袭译欧西人之言也。呜呼！我中国其果老大矣乎？梁启超曰：恶是何言！是何言！吾心目中有一少年中国在！

欲言国之老少，请先言人之老少。老年人常思既往，少年人常思将来。惟思既往也，故生留恋心；惟思将来也，故生希望心。惟留恋也，故保守；惟希望也，故进取。惟保守也，故永旧；惟进取也，故日新。惟思既往也，事事皆其所已经者，故惟知照例；惟思将来也，事事皆其所未经者，故常敢破格。老年人常多忧虑，少年人常好行乐。惟多忧也，故灰心；惟行乐也，故盛气。惟灰心也，故怯懦；惟盛气也，故豪壮。惟怯懦也，故苟且；惟豪壮也，故冒险。惟苟且也，故能灭世界；惟冒险也，故能造世界。老年人常厌事，少年人常喜事。惟厌事也，故常觉一切事无可为者；惟好事也，故常觉一切事无不可为者。老年人如夕照，少年人如朝阳；老年人如瘠牛，少年人如乳虎；老年人如僧，少年人如侠；老年人如字典，少年人如戏文；老年人如鸦片烟，少年人如白兰地酒；老年人如别行星之陨石，少年人如大洋海之珊瑚岛；老年人如埃及沙漠之金字塔，少年人如西伯利亚之铁路；老年人如秋后之柳，少年人如春前之草；老年人如死海之潴为泽，少年人如长江之初发源。此老年与少年性格不同之大略也。梁启超曰：人固有之，国亦宜然。

梁启超曰：伤哉老大也。浔阳江头琵琶妇，当明月绕船，枫叶瑟瑟，衾寒于铁，似梦非梦之时，追想洛阳尘中春花秋月之佳趣。西宫南内，白发宫娥，一灯如穗，三五对坐，谈开元、天宝间遗事，谱霓裳羽衣曲。青门种瓜人，左对孺人，顾弄孺子，忆侯门似海、珠履杂沓之盛事。拿破仑之流于厄蔑，阿剌飞之幽于锡兰，与三两监守吏或过访之好事者，道当年短刀匹马，驰骋中原，席卷欧洲，血战海楼，一声叱咤，万国震恐之丰功伟烈，初而拍案，继而抚髀，终而揽镜。呜呼，面皴齿尽，白头盈把，颓然老矣！若是者，舍幽郁之外无心事，舍悲惨之外无天地，舍颓唐之外无日月，舍叹息之外无音声，舍待死之外无事业。美人豪杰且然，而况于寻常碌碌者耶！生平亲友，皆在墟墓，起居饮食，待命于人，今日且过，遑知他日，今年且过，遑恤明年。普天下灰心短气之事，未有甚于老大者。于此人也，而欲望以拏云之手段，回天之事功，挟山超海之意气，能乎不能？

呜呼，我中国其果老大矣乎？立乎今日，以指畴昔，唐虞三代，若何之郅治；秦皇汉武，若何之雄杰；汉唐来之文学，若何之隆盛；康乾间之武功，若何之烜赫！历史家所铺叙，词章家所讴歌，何一非我国民少年时代良辰美景、赏心乐事之陈迹哉！而今颓然老矣，昨日割五城，明日割十城；处处雀鼠尽，夜夜鸡犬惊；十八省之土地财产，已为人怀中之肉；四百兆之父兄子弟，已为人注籍之奴。岂所谓“老大嫁作商人妇”者耶？呜呼！凭君莫话当年事，憔悴韶光不忍看。楚囚相对，岌岌顾影，人命危浅，朝不虑夕。国为待死之国，一国之民为待死之民，万事付之奈何，一切凭人作弄，亦何足怪！

梁启超曰：我中国其果老大矣乎？是今日全地球之一大问题也。如其老大也，则是中国为过去之国，即地球上昔本有此国，而今渐渐灭，他日之命运殆将尽也。如其非老大也，则是中国为未来之国，即地球上昔未现此国，而今渐发达，他日之前程且方长也。欲断今日之中国为老大耶，为少年耶？则不可不先明“国”字之意义。夫国也者，何物也？有土地，有人民，以居于其土地之人民，而治其所居之土地之事，自制法律而自守之；有主权，有服从，人人皆主权者，人人皆服从者。夫如是，斯谓之完全成立之国。地球上之有完全成立之国也，自百年以来也。完全成立者，壮年之事也；未能完全成立而渐进于完全成立者，少年之事也。故吾得一言以断之曰：欧洲列邦在今日为壮年国，而我中国在今日为少年国。

夫古昔之中国者，虽有国之名，而未成国之形也。或为家族之国，或为酋长之国，或为诸侯封建之国，或为一王专制之国。虽种类不一，要之其于国家之体质也，有其一部而缺其一部，正如婴儿自胚胎以迄成童，其身体之一二官支，先行长成，此外则全体虽粗具，然未能得其用也。故唐虞以前为胚胎时代，殷周之际为乳哺时代，由孔子而来至于今为童子时代，逐渐发达，而今乃始将入成童以上少年之界焉。其长成所以若是之迟者，则历代之民贼有窒其生机者也。譬犹童年多病，转类老态，或且疑其死期之将至焉，而不知皆由未完全、未成立也，非过去之谓，而未来之谓也。

且我中国畴昔，岂尝有国家哉？不过有朝廷耳。我黄帝子孙，聚族而居，立于此地球之上者既数千年，而问其国之为何名，则无有也。夫所谓唐、虞、夏、商、周、秦、汉、魏、晋、宋、齐、梁、陈、隋、唐、宋、元、明、清者，则皆朝名耳。朝也者，一家之私产也；国也者，人民之公产也。朝有朝之老少，国有国之老少，朝与国既异物，则不能以朝之老少而指为国之老少明矣。文、武、成、康，周朝之少年时代也，幽、厉、桓、赧，则其老年时代也；高、文、景、武，汉朝之少年时代也，元、平、桓、灵，则其老年时代也。自余历朝，莫不有之。凡此者，谓为一朝廷之老也则可，谓为一国之老也则不可。一朝廷之老且死，犹一人之老且死也，于吾所谓中国者何与焉？然则吾中国者，前此尚未出现于世界，而今乃始萌芽云尔。天地大矣，前途辽矣，美哉，我少年中国乎！

玛志尼者，意大利三杰之魁也，以国事被罪，逃窜异邦，乃创立一会，名曰“少年意大利”。举国志士，云涌雾集以应之，卒乃光复旧物，使意大利为欧洲之一雄邦。夫意大利者，欧洲第一之老大国也，自罗马亡后，土地隶于教皇，政权归于奥国，殆所谓老而濒于死者矣。而得一玛志尼，且能举全国而少年之，况我中国之实为少年时代者耶？堂堂四百余州之国土，凛凛四百余兆之国民，岂遂无一玛志尼其人者！

龚自珍氏之集有诗一章，题曰《能令公少年行》。吾尝爱读之，而有味乎其用意之所存。我国民而自谓其国之老大也，斯果老大矣；我国民而自知其国之少年也，斯乃少年矣。西谚有之曰：“有三岁之翁，有百岁之童。”然则国之老少，又无定形，而实随国民之心力以为消长者也。吾见乎玛志尼之能令国少年也，吾又见乎我国之官吏士民能令国老大也，吾为此惧。夫以如此壮丽浓郁、翩翩绝世之少年中国，而使欧西、日本人谓我为老大者何也？则以握国权者皆老朽之人也。非哦几十年八股，非写几十年白折，非当几十年差，非捱几十年俸，非递几十年手本，非唱几十年诺，非磕几十年头，非请几十年安，则必不能得一官，进一职。其内任卿贰以上、外任监司以上者，百人之中，其五官不备者，殆九十六七人也，非眼盲，则耳聋，非手颤，则足跛，否则半身不遂也。彼其一身饮食、步履、视听、言语，尚且不能自了，须三四人在左右扶之捉之，乃能度日，于此而乃欲责之以国事，是何异立无数木偶而使之治天下也。且彼辈者，自其少壮之时，既已不知亚细、欧罗为何处地方，汉祖、唐宗是那朝皇帝，犹嫌其顽钝腐败之未臻其极，又必搓磨之、陶冶之，待其脑髓已涸，血管已塞，气息奄奄，与鬼为邻之时，然后将我二万里山河，四万万人命，一举而畀于其手。呜呼！老大帝国，诚哉其老大也！而彼辈者，积其数十年之八股、白折、当差、捱俸、手本、唱喏、磕头、请安，千辛万苦，千苦万辛，乃始得此红顶花翎之服色，中堂大人之名号，乃出其全副精神，竭其毕生力量，以保持之。如彼乞儿，拾金一锭，虽轰雷盘旋其顶上，而两手犹紧抱其荷包，他事非所顾也，非所知也，非所闻也。于此而告之以亡国也，瓜分也，彼乌从而听之？乌从而信之？即使果亡矣，果分矣，而吾今年既七十矣八十矣，但求其一两年内，洋人不来，强盗不起，我已快活过了一世矣。若不得已，则割三头两省之土地奉申贺敬，以换我几个衙门；卖三几百万之人民作仆为奴，以赎我一条老命，有何不可？有何难办？呜呼，今之所谓老后、老臣、老将、老吏者，其修身、齐家、治国、平天下之手段，皆具于是矣。西风一夜催人老，凋尽朱颜白尽头。使走无常当医生，携催命符以祝寿。嗟乎痛哉！以此为国，是安得不老且死，且吾恐其未及岁而殇也。

梁启超曰：造成今日之老大中国者，则中国老朽之冤业也；制出将来之少年中国者，则中国少年之责任也。彼老朽者何足道，彼与此世界作别之日不远矣，而我少年乃新来而与世界为缘。如僦屋者然，彼明日将迁居他方，而我今日始入此室处，将迁居者，不爱护其窗栊，不洁治其庭庑，俗人恒情，亦何足怪。若我少年者前程浩浩，后顾茫茫，中国而为牛、为马、为奴、为隶，则烹脔鞭棰之惨酷，惟我少年当之；中国如称霸宇内、主盟地球，则指挥顾盼之尊荣，惟我少年享之。于彼气息奄奄、与鬼为邻者何与焉？彼而漠然置之，犹可言也；我而漠然置之，不可言也。使举国之少年而果为少年也，则吾中国为未来之国，其进步未可量也；使举国之少年而亦为老大也，则吾中国为过去之国，其澌亡可翘足而待也。故今日之责任，不在他人，而全在我少年。少年智则国智，少年富则国富，少年强则国强，少年独立则国独立，少年自由则国自由，少年进步则国进步，少年胜于欧洲则国胜于欧洲，少年雄于地球则国雄于地球。红日初升，其道大光；河出伏流，一泻汪洋；潜龙腾渊，鳞爪飞扬；乳虎啸谷，百兽震惶；鹰隼试翼，风尘吸张；奇花初胎，矞矞皇皇；干将发硎，有作其芒；天戴其苍，地履其黄；纵有千古，横有八荒；前途似海，来日方长。美哉，我少年中国，与天不老！壮哉，我中国少年，与国无疆！

“三十功名尘与土，八千里路云和月。莫等闲，白了少年头，空悲切！”此岳武穆《满江红》词句也，作者自六岁时即口受记忆，至今喜诵之不衰。自今以往，弃“哀时客”之名，更自名曰“少年中国之少年”。作者附识。

中国积弱溯源论

（节录）

第三节　积弱之源于政术者

然则当局者遂无罪乎？曰：恶，是何言欤！是何言欤！纵成今日之官吏者，则今日之国民是也；造成今日之国民者，则昔日之政术是也。数千年民贼，既以国家为彼一姓之私产，于是凡百经营，凡百措置，皆为保护己之私产而设，此实中国数千年来政术之总根源也！保护私产之术将奈何？彼私产者，固由纱国民之臂，而夺得其公产以为己物者也，故其所最患者，在原主人一旦起而复还之。原主人者谁？即国民是也！国民如何然后能复还其公产？必有气焉而后可，必有智焉而后可，必有力焉而后可，必有群焉而后可，必有动焉而后可。但使能挫其气，窒其智，消其力，散其群，制其动，则原主人永远不能复起，而私产乃如磐石苞桑而无所患。彼民贼其知之矣，故其所施政术，无一不以此五者为鹄，千条万绪而不紊其领，百变亿化而不离其宗。多历一年，则其网愈密，多更一事，则其术愈工。故夫今日之政术，不知经几百千万枭雄险鸷、敏练桀黠之民贼，所运算布画、斟酌损益，而今乃集其大成者也。吾尝遍读二十四朝之政史，遍历现今之政界，于参伍错综之中，而考得其要领之所在。盖其治理之成绩有三：曰愚其民，柔其民，涣其民，是也。而所以能收此成绩者，其持术有四：曰驯之之术，曰锢之之术，曰役之之术，曰监之之术，是也。

所谓驯之之术者何也？天生人而使之有求智之性也，有独立之性也，有合群之性也，是民贼所最不利者也。故必先使人失其本性，而后能就我范围。不见夫花匠乎？以松柏之健劲，而能蟠屈缭纠之，使如盘、如梯、如牖、如立人、如卧兽、如蟠蛇者，何也？自其勾萌茎达之时而戕贼之也。不见夫戏兽者乎？以马之骏，以猴之黠，以狮之戾，以象之钝，而能使趋跄率舞于一庭，应弦合节，戢戢如法者，何也？自乳哺幼稚之日而驯伏之也。历代政治家所以驯其民者，有类于是矣。法国大儒孟德斯鸠曰："凡半开专制君主之国，其教育之目的，惟在使人服从而已。"日本大儒福泽谕吉曰："支那旧教，莫重于礼乐。礼也者，使人柔顺屈从者也；乐也者，所以调和民间勃郁不平之气，使之恭顺于民贼之下者也。"夫以此科罪于礼乐，吾虽不敢谓然，而要之中国数千年来，所以教民者，其宗旨不外乎此，则断断然矣。秦皇之焚书坑儒以愚黔首也，秦皇之拙计也。以焚坑为焚坑，何如以不焚坑为焚坑。宋艺祖开馆辑书，而曰："天下英雄，在吾彀中。"明太祖定制艺取士，而曰："天下莫予毒。"本朝雍正间，有上谕禁满人学八股，而曰："此等学问，不过笼制汉人。"其手段方法，皆远出于秦皇之上，盖术之既久而日精也。试观今日所以为教育之道者何如？非舍八股之外无他物乎！八股犹以为未足，而又设为割裂戳搭、连上犯下之禁，使人入于其中，消磨数十年之精神，犹未能尽其伎俩，而遑及他事。犹以为未足，禁其用后世事、后世语，务驱此数百万优优衿缨之士，使束书不观，胸无一字，并中国往事且不识，更奚论外国？并日用应酬且不解，更奚论经世？犹以为未足，更助之以试帖，使之习为歌匠；重之以楷法，使之学为钞胥。犹以为未足，恐夫聪明俊伟之士，仅以八股、试帖、楷法不足尽其脑筋之用，而横溢于他途也，于是提倡所谓考据、辞章、金石、校勘之学者，以涵盖笼罩之，使上下四方，皆入吾网。犹以为未足，有伪托道学者出，缘饰经传中一二语，曰"惟辟作福，惟辟作威"；曰"天下有道，则庶人不议"；曰"位卑而言高，罪也"；曰"生斯世也，为斯世也，善斯可矣"；曰"既明且哲，以保其身"。盖圣经贤传中有千言万语，可以开民智、长民气、厚民力者，彼一概抹杀而不征引，惟摭拾一二语足以便已之私图者，从而推波助澜，变本加厉，谬种流传，成为义理。故愤时忧国者则斥为多事，合群讲学者则目为朋党，以一物不知者为谨悫，以全无心肝者为善良。此等见地，深入人心，遂使举国皆盲聋之态，尽人皆妾妇之容。夫奴性也，愚昧也，为我也，好伪也，怯懦也，无动也，皆天下最可耻之事也。今不惟不耻之而已，遇有一不具奴性、不甘愚昧、不专为我、不甚好伪、不安怯懦、不乐无动者，则举国之人，视之为怪物，视之为大逆不道。是非易位，憎尚反常，人之失其本性，乃至若是。吾观于此，而叹彼数千年民贼之所以驯伏吾民者，其用心至苦，其方法至密，其手段至辣也。如妇女之缠足者然，自幼而缠之，历数十年，及其长也，虽释放之，而亦不能良于行矣，盖足之本性已失也。曾国藩曰：“今日之中国，遂成一不痛不痒之世界。”嗟乎，谁为为之？而令我国民一至于此极也！

所谓锯之之术者何也？孟德斯鸠曰：“专制政体之国，其所以持之经久而不坏裂者，有一术焉。盖有一种矫伪之气习，深入于臣僚之心，即以爵赏自荣之念是也。彼专制之国，其臣僚皆怀此一念，于是各竞于其职，孜孜莫敢怠，以官阶之高下、禄俸之多寡，互相夸耀，往往望贵人之一颦一笑，如天帝、如鬼神然。”此语也，盖道尽中国数千年所以饵民之具矣。彼其所以驯吾民者，既已能使之如妾妇、如禽兽矣，夫待妾妇、禽兽之术，则何难之有？今夫畜犬见其主人，摇头摆尾，前趋后蹑者，为求食也；今夫游妓遇其所欢，涂脂抹粉，目挑心招者，为缠头也。故苟持一脔之肉以饵畜犬，则任使之如何跳掷，如何回旋，无不如意也；缠千金于腰以饵游妓，则任使之如何献媚，如何送情，无不如意也。民贼之饵吾民，亦若是已耳。齐桓公好紫，一国服紫；汉高祖恶儒，诸臣无敢儒冠。曹操号令于国中曰：“有从我游者，吾能富而贵之。”盖彼踞要津、握重权之人，出其小小手段，已足令全国之人，载颠载倒，如狂如醉，争先恐后，奔走而趋就之矣。而其趋之最巧、得之最捷者，必一国中聪明最高、才力最强之人也。既已饵得此最有聪明才力者，皆入于其彀中，则下此之猥猥碌碌者，更何有焉？直鞭棰之、圈笠之而已。彼蚁之在于垤也，自吾人视之，觉其至微贱、至么么而可怜也，而其中有大者王焉，有小者侯焉，群蚁营营逐逐以企仰此无量之光荣，莫肯让也，莫或怠也。彼越南之沦于法也，一切政权、土地权、财权，皆握于他人之手，本国人无一得与闻。自吾人视之，觉其局天蹐地，无生人之趣也，而不知越南固仍有其所谓官职焉，仍有其所谓科第焉，每三年开科取士，其状元之荣耀，无以异于昔时，越人之企望而争趋之者，至今犹若骛焉。当顺治、康熙间，天下思明，反侧不安，圣祖仁皇帝，一开博学鸿词科，再设明史馆，搜罗遗佚，征辟入都，位之以一清秩、一空名，而天下帖帖然、戢戢然矣。盖所以饵民者得其道也。此术也，前此地球各专制之国，莫不用之，而其最娴熟精巧而卓有成效者，则中国为最矣！

所谓役之之术者何也？彼民贼既攘国家为已一家之私产矣，然国家之大，非一家子弟数人，可以督治而钤辖之也，不得不求助我者，于是官吏立焉。文明国之设官吏，所以为国民理其公产也，故官吏皆受职于民；专制国之设官吏，所以为一姓保其私产也，故官吏皆受职于君。此源头一殊，而末流千差万别，皆从此生焉。故专制国之职官，不必问其贤否、才不才，而惟以安静、谨慎、愿朴，能遵守旧规、服从命令者为贵。中国之任官也，首狭其登进之途，使贤才者无自表见；又高悬一至荣耀、至清贵之格，以奖励夫至无用之学问，使举国无贤无愚，皆不得不俯首以就此途，以消磨其聪明才力。消磨略尽，然后用之，用之又非器其才也，限之以年，绳之以格，资格既老，虽盲喑亦能跻极品；年俸未足，虽隽才亦必屈下僚，何也？非经数十年之磨砻陶冶，恐其英气未尽去，而服从之性质未尽坚也；恐一英才得志，而无数英才慕而学之；英才多出，而旧法将不能束缚之也。故昔者明之太祖，本朝之高宗，其操纵群臣之法，有奇妙不可思议者，直如玩婴儿于股掌，戏猴犬于剧场，使立其朝者，不复知廉耻为何物、道义为何物、权利为何物、责任为何物，而惟屏息跪伏于一王之下。夫既无国事民事之可办，则任豪杰以为官吏，与任木偶为官吏等耳，而驾驭豪杰，总不如驾驭木偶之易易。彼历代民贼筹之熟矣，故中国之用官吏，一如西人之用机器，有呆板之位置，有一定之行动，满盘机器，其事件不下千百万，以一人转捩之，而绰绰然矣。全国官吏，其人数不下千百万，以一人驾驭之，而戢戢然矣。而其所以能如此者，则由役之得其术也。夫机器者，无脑、无骨、无血、无气之死物也，今举国之官吏，皆变成无脑、无骨、无血、无气之死物，所以为驾驭计者则得矣，顾何以能立于今日文明竞进之世界乎？

所谓监之之术者何也？夫既得驯之、馅之、役之之术，则举国臣民入其彀者，十而八九矣。虽然，一国之大，安保无一二非常豪杰，不甘为奴隶、为妾妇、为机器者？又安保无一二不逞之徒，蹈其瑕隙，而学陈涉之辍耕陇畔，效石勒之倚啸东门者？是不可以不监。是故有官焉，有兵焉，有法律焉，皆监民之具也；取于民之租税，所以充监民之经费也；设科第，开仕途，则于民中选出若干人而使之自监其侪也。故他国之兵，所以敌外侮，而中国之兵，所以敌其民。昔有某西人语某亲王曰：

"贵国之兵太劣，不足与列强驰骋于疆场，盍整顿之？"某亲王曰："吾国之兵，用以防家贼而已。"呜呼！此三字者，盖将数千年民贼之肺肝，和盘托出者也！夫既以国民为家贼，则防之之道，固不得不密。伪尊六艺，屏黜百家，所以监民之心思，使不敢研究公理也；厉禁立会，相戒讲学，所以监民之结集，使不得联通声气也；仇视报馆，兴文字狱，所以监民之耳目，使不得闻见异物也；罪人则孥，邻保连坐，所以监民之举动，使不得独立无惧也。故今日文明诸国所最尊最重者，如思想之自由、信教之自由、集会之自由、言论之自由、著述之自由、行动之自由，皆一一严监而紧缚之。监之缚之之既久，贤智无所容其发愤，桀黠无所容其跳梁，则惟有灰心短气，随波逐流，仍入于奴隶、妾妇、机器之队中，或且捷足争利，摇尾乞怜，以苟取富贵，雄长侪辈而已。故夫国民非生而具此恶质也，亦非人人皆顽钝无耻也。其有不能驯者，则从而餂之；其有不受役者，则从而监之，举国之人，安有能免也？今日中国国民腐败，至于斯极，皆此之由。

观于此，而中国积弱之大源，从可知矣。其成就之者在国民，而孕育之者仍在政府。彼民贼之呕尽心血，遍布罗网，岂不以为算无遗策，天下人莫余毒乎？顾吾又尝闻孟德斯鸠之言矣："专制政体，以使民畏惧为宗旨。虽美其名曰辑和万民，实则斫丧元气，必至举其所以立国之大本而尽失之。昔有路衣沙奴之野蛮，见果实累累缀树上，攀折不获，则以斧斫树而捋取之。专制政治，殆类是也。然民受治于专制之下者，动辄曰，但使国祚尚有三数十年，则吾犹可以偷生度日，及吾已死，则大乱虽作，吾又何患焉？然则专制国民之苟且偷靡，不虑其后，亦与彼野蛮之斫树无异矣。故专制之国所谓辑和者，其中常隐然含有扰乱之种子焉。"呜呼！孟氏此言，不啻专为我中国而发也。夫历代民贼之用此术以驯民、餂民、役民、监民，数千年以迄今矣！其术之精巧完备如此，宜其永保私产、子孙、帝王万世之业。顾何以刘兴项仆，甲攘乙夺，数千年来，莽然而不一姓也？孟子曰："天下之生久矣，一治一乱。"以吾观之，则数千年之所谓治者，岂真治哉？特偶乘人心厌乱之既极，又加以杀人过半，户口顿减，谋食较易，相与帖然苟安而已！实则其中所含扰乱之种子，正多且剧也。夫国也者，积民而成，未有以民为奴隶、为妾妇、为机器、为盗贼而可以成国者。中国积弱之故，盖导源于数千年以前，日积月累，愈久愈深，而至今承其极敝而已。顾其极敝之象，所以至今日而始大显者，何也？昔者为一统独治之国，内患虽多，外忧非剧，故扰乱之种子，常得而弥缝之，纵有一姓之兴亡，无关全种之荣瘁。今也不然，全地球人种之竞争，愈转愈剧。万马之足，万锋之刃，相率而向我支那，虽合无量数聪明才智之士以应对之，犹恐不得当，乃群无脑、无骨、无血、无气之俦，偃然高坐，酣然长睡于此世界之中，其将如何而可也？彼昔时之民贼，初不料其有今日之时局也，故务以驯民、锯民、役民、监民为独一无二之秘传，譬犹居家设廛者，虑其子弟伙伴之盗其物也，于是一一梏桎之，拘挛之，或闭之于暗室焉。夫如是，则吾固信其无能为盗者矣，其如家务廛务之废弛何？废弛犹可救也，一旦有外盗焉，哄然坏其门，入其堂，括其货物，迁其重器，彼时为子弟伙伴者，虽欲救之，其奈桎梏拘挛而不能行，暗室仍闭而莫为启，则惟有瞠目结舌，听外盗之入此室处，或划然长啸以去而已。今日我中国之情形，有类于是。彼有司牧国民之责者，其知之否耶？抑我国民其知之否耶？

十种德行相反相成义

《中庸》曰："万物并育而不相害，道并行而不相悖。"大哉言乎！野蛮时代所谓道德者，其旨趣甚简单而常不相容；文明时代所谓道德者，其性质甚繁杂而各呈其用。而吾人所最当研究而受用者，则凡百之道德，皆有一种妙相，即自形质上观之，划然立于反对之两端；自精神上观之，纯然出于同体之一贯者。譬之数学，有正必有负；譬之电学，有阴必有阳；譬之冷热两暗潮，互冲而互调；譬之轻重两空气，相薄而相剂。善学道者，能备其繁杂之性质而利用之，如佛说华严宗所谓相是无碍、相入无碍。苟有得于是，则以之独善其身而一身善，以之兼善天下而天下善。

朱子曰："教学者如扶醉人，扶得东来西又倒。"凡我辈有志于自治，有志于觉天下者，不可不重念此言也。天下固有绝好之义理，绝好之名目，而提倡之者不得其法，遂以成绝大之流弊者。流弊犹可言也，而因此流弊之故，遂使流俗人口实之，以此义理、此名目为诟病；即热诚达识之士，抑或疑其害多利少而不敢复道。则其于公理之流行，反生阻力，而文明进化之机，为之大窒。庄子曰："其作始也简，其将毕也巨。"可不惧乎？可不慎乎？故我辈讨论公理，必当平其心，公其量，不可徇俗以自画，不可惊世以自喜。徇俗以白画，是谓奴性；惊世以自喜，是谓客气。

吾今者以读书思索之所得，觉有十种德行，其形质相反，其精神相成，而为凡人类所当具有，缺一不可者。今试分别论之：

其一　独立与合群

独立者何？不倚赖他力，而常昂然独往独来于世界者也。《中庸》所谓"中立而不倚"，是其义也。人之所以异于禽兽者以此，文明人所以异于野蛮者以此。吾中国所以不成为独立国者，以国民乏独立之德而已。言学问则倚赖古人，言政术则倚赖外国。官吏倚赖君主，君主倚赖官吏。百姓倚赖政府，政府倚赖百姓。乃至一国之人，各个放弃其责任，而惟倚赖之是务。究其极也，实则无一人之可倚赖者。譬犹群盲偕行，甲扶乙肩，乙牵丙袂，究其极也，实不过盲者依赖盲者。一国腐败，皆根于是。故今日救治之策，惟有提倡独立。人人各断绝倚赖，如孤军陷重围，以人自为战之心，作背城借一之举，庶可以扫拔已往数千年奴性之壁垒，可以脱离此后四百兆奴种之沉沦。今世之言独立者，或曰“拒列强之干涉而独立”，或曰“脱满洲之羁轭而独立”，吾以为不患中国不为独立之国，特患中国今无独立之民。故今日欲言独立，当先言个人之独立，乃能言全体之独立；先言道德上之独立，乃能言形势上之独立。危哉微哉！独立之在我国乎？

合群云者，合多数之独而成群也。以物竞天择之公理衡之，则其合群之力愈坚而大者，愈能占优胜权于世界上，此稍学哲理者所能知也。吾中国谓之为无群乎？彼固庞然四百兆人，经数千年聚族而居者也。不宁惟是，其地方自治之发达颇早，各省中所含小群无数也；同业联盟之组织颇密，四民中所含小群无数也。然终不免一盘散沙之诮者，则以无合群之德故也。合群之德者，以一身对于一群，常肯绌身而就群；以小群对于大群，常肯绌小群而就大群。夫然后能合内部固有之群，以敌外部来侵之群。乃我中国之现状，则有异于是矣。彼不识群义者不必论，即有号称求新之士，日日以合群呼号于天下，而甲地设一会，乙徒立一党，始也互相轻，继也互相妒，终也互相残。其力薄者，旋起旋灭，等于无有；其力强者，且将酿成内讧，为世道忧。此其故，亦非尽出于各人之私心焉，盖国民未有合群之德，欲集无数之不能群者强命为群，有其形质，无其精神也。故今日吾辈所最当讲求者，在养群德之一事。

独与群，对待之名词也。人人断绝倚赖，是倚群毋乃可耻？常绌身而就群，是主独无乃可羞？以此间隙，遂有误解者与托名者之二派出焉。其老朽腐败者，以和光同尘为合群之不二法门，驯至尽弃其独立，阉然以媚于世；其年少气锐者，避奴隶之徽号，乃专以尽排侪辈、惟我独尊为主义。由前之说，是合群为独立之贼；由后之说，是独立为合群之贼。若是乎两者之终不能并存也。今我辈所亟当说明者有二语，曰独立之反面，依赖也，非合群也；合群之反面，营私也，非独立也。虽人自为战，而军令自联络而整齐，不过以独而扶其群云尔；虽全机运动，而轮轴自分劳而赴节，不过以群而扶其独云尔。苟明此义，则无所容其托，亦不必用其避。譬之物质然，合无数“阿屯”而成一体，合群之义也；每一“阿屯”中，皆具有本体所含原质之全分，独立之义也。若是者，谓之合群之独立。

其二　自由与制裁

自由者，权利之表证也。凡人所以为人者有二大要件，一曰生命，二曰权利。二者缺一，时乃非人。故自由者，亦精神界之生命也。文明国民每不惜掷多少形质界之生命，以易此精神界之生命，为其重也。我中国谓其无自由乎？则交通之自由，官吏不禁也；住居行动之自由，官吏不禁也；置管产业之自由，官吏不禁也；信教之自由，官吏不禁也；书信秘密之自由，官吏不禁也；集会、言论之自由，官吏不禁也①。凡各国宪法所定形式上之自由，几皆有之。虽然，吾不敢谓之为自由者何也？有自由之俗，而无自由之德也。自由之德者，非他人所能予夺，乃我自得之而自享之者也。故文明国之得享用自由也，其权非操诸官吏，而常采诸国民。中国则不然，今所以幸得此习俗之自由者，恃官吏之不禁耳，一旦有禁之者，则其自由可以忽消灭而无复踪影。而官吏之所以不禁者，亦非专重人权在而不敢禁也，不过其政术拙劣，其事务废弛，无暇及此云耳。官吏无日不可以禁，自由无日不可以亡，若是者谓之奴隶之自由。若夫思想自由，为凡百自由之母者，则政府不禁之，而社会自禁之。以故吾中国四万万人，无一可称完人者，以其仅有形质界之生命，而无精神界之生命也。故今日欲救精神界之中国，舍自由美德外，其道无由！

制裁云者，自由之对待也。有制裁之主体，则必有服从之客体。既曰服从，尚得为有自由乎？顾吾尝观万国之成例，凡最尊自由权之民族，恒即为最富于制裁力之民族。其故何哉？自由之公例曰：‘人人自由，而以不侵人之自由为界。”制裁者，制此界也；服从者，服此界也。故真自由之国民，其常要服从之点有三：一曰服从公理，二曰服从本群所自定之法律，三曰服从多数之决议。是故文明人最自由，野蛮人亦最自由，自由等也。而文野之别，全在其有制裁力与否。无制裁之自由，群之贼也；有制裁之自由，群之宝也。童子未及年，不许享有自由权者，为其不能自治也，无制裁也。国民亦然。苟欲享有完全之自由权，不可不先组织巩

①近虽禁其一部分，然比之前世纪法、普、奥等国相去远甚——作者原注。

固之自治制。而文明程度愈高者，其法律常愈繁密，而其服从法律之义务亦常愈严整，几于见有制裁，不见有自由。而不知其一群之中，无一能侵他人自由之人，即无一被人侵我自由之人，是乃所谓真自田也。不然者，妄窃一二口头禅语，暴戾恣睢，不服公律，不顾公益，而漫然号于众曰："吾自由也。"则自由之祸，将烈于洪水猛兽矣。昔美国一度建设共和政体，其基础遂确乎不拔，日益发达，继长增高，以迄今曰；法国则自一七八九年大革命以后，君民两党，互起互仆，垂半世纪余，而至今民权之盛，犹不及英美者，则法兰西民族之制裁力，远出英吉利民族之下故也。然则自治之德不备，而徒漫言自由，是将欲急之，反以缓之；将欲利之，反以害之也。故自由与制裁二者，不惟不相悖而已，又乃相待而成，不可须臾离。言自由主义者，不可不于此三致意也。

其三　自信与虚心

自信力者，成就大业之原也。西哲有言曰："凡人皆立于所欲立之地，是故欲为豪杰，则豪杰矣；欲为奴隶，则奴隶矣。"孟子曰："自谓不能者，自贼者也。"又曰："自暴者不可与有言也，自弃者不可与有为也。"天下人固有识想与议论过绝寻常，而所行事不能有益于大局者，必其自信力不足者也。有初时持一宗旨，任一事业，及为外界毁誉之所刺激，或半途变更废止，不能达其目的地者，必其自信力不足者也。居今日之中国，上之不可不冲破二千年顽谬之学理，内之不可不鏖战四百兆群盲之习俗，外之不可不对抗五洲万国猛烈侵略、温柔笼络之方策，非有绝大之气魄、绝大之胆量，何能于此四面楚歌中，打开一条血路，以导我国民于新世界者乎？伊尹曰："余天民之先觉者也，余将以斯道觉斯民也，非余觉之而谁也？"孟子曰："夫天未欲平治天下也，如欲平治天下，当今之世，舍我其谁也？"抑何其言之大而夸欤，自信则然耳！故我国民而自以为国权不能保，斯不能保矣，若人人以自信力奠定国权，强邻孰得而侮之？国民而自以为民权不能兴，斯不能兴矣；若人人以自信力夺争民权，民贼孰得而压之？而欲求国民全体之信力，必先自志士仁人之自信力始！

或问曰：吾见有顽锢之辈，抱持中国一二经典古义，谓可以攘斥外国陵铄全球者，若是者非其自信力乎？吾见有少年学子，摭拾一二新理新说，遂自以为足，废学高谈，目空一切者，若是者非其自信力乎？由前之说，则中国人中富于自信力者，莫如端王、刚毅；由后之说，则如格兰斯顿之耄而向学，奈端之自视欲然，非其自信力之有不足乎？曰：恶，是何言欤！自信与虚心，相反而相成者也。人之能有自信力者，必其气象阔大，其胆识雄远，既注定一目的地，则必求贯达之而后已。而当其始之求此目的地也，必效群长以择之；其继之行此目的地也，必集群力以图之。故愈自重者愈不敢轻薄天下人，愈坚忍者愈不敢易视天下事。海纳百川，任重致远，殆其势所必然也。彼故见自封、一得自喜者，是表明其器小易盈之迹于天下。如河伯之见海若，终必望洋而气沮；如辽豕之到河东，卒乃怀惭而不前；未见其自信力之能全始全终者也。故自信与骄傲异：自信者常沉着，而骄傲者常浮扬；自信者在主权，而骄傲者在客气。故豪杰之士，其取于人者，常以三人行必有我师为心；其立于己者，常以百世俟圣而不惑为鹄。夫是之谓虚心之自信。

其四　利己与爱他

为我也，利己也，私也，中国古义以为恶德者也。是果恶德乎？曰：恶，是何言！天下之道德法律，未有不自利己而立者也。对于禽兽而倡自贵知类之义，则利己而已，而人类之所以能主宰世界者赖是焉；对于他族而倡爱国保种之义，则利己而已，而国民之所以能进步繁荣者赖是焉。故人而无利己之思想者，则必放弃其权利，弛掷其责任，而终至于无以自立。彼芸芸万类，平等竞存于天演界中，其能利己者必优而胜，其不能利己者必劣而败，此实有生之公例矣。西语曰："天助自助者。"故生人之大患，莫甚于不自助而望人之助我，不自利而欲人之利我。夫既谓人矣，则安有肯助我而利我者乎？又安有能助我而利我者乎？国不自强，而望列国之为我保全，民不自治，而望君相之为我兴革，若是者，皆缺利己之德而已。昔中国杨朱以"为我"立教，曰："人人不拔一毫，人人不利天下，天下治矣。"吾昔甚疑其言，甚恶其言，及解英德诸国哲学大家之书，其所标名义，与杨朱吻合者，不一而足；而其理论之完备，实有足以助人群之发达，进国民之文明者。盖西国政治之基础，在于民权，而民权之巩固，由于国民竞争权利，寸步不肯稍让，即以人人不拔一毫之心以自利者利天下。观于此，然后知中国人号称利己心重者，实则非真利己也。苟其真利己，何以他人剥夺己之权利，握制己之生命，而恬然安之，恬然让之，曾不以为意也？故今曰不独发明墨翟之学足以救中国，即发明杨朱之学亦足以救中国。

问者曰：然则爱他之义，可以吐弃乎？曰：是不然。利己心与爱他心，一而非二者也。近世哲学家，谓人类皆有两种爱己心：一本来之爱己心，二变相之爱己心。变相之爱己心者，即爱他心是也。凡人不能以一身而独立于世界也，于是乎有群。其处于一群之中而与侪侣共营生存也，势不能独享利益，而不顾侪侣之有害与否，苟或尔尔，则己之利未见而害先睹矣。故善能利己者，必先利其群，而后己之利亦从而进焉。以一家论，则我之家兴，我必蒙其福，我之家替，我必受其祸；以一国论，则国之强也，生长于其国者罔不强，国之亡也，生长于其国者罔不亡。故真能爱己者，不得不推此心以爱家、爱国，不得不推此心以爱家人、爱国人，于是乎爱他之义生焉。凡所以爱他者，亦为我而已。故苟深明二者之异名同源，固不必侈谈“兼爱”以为名高，亦不必讳言“为我”以自欺蔽。但使举利己之实，自然成为爱他之行；充爱他之量，自然能收利己之效。

其五　破坏与成立

破坏亦可谓之德乎？破坏犹药也。药所以治病，无病而药，则药之害莫大；有病而药，则药之功莫大。故论药者，不能泛论其性之良否，而必以其病之有无与病药二者，相应与否，提而并论，然后药性可得而言焉。破坏本非德也，而无如往古来今之世界，其蒙垢积污之时常多，非时时摧陷廓清之，则不足以进步，于是而破坏之效力显焉。今日之中国，又积数千年之沉疴，合四百兆之痼疾，盘踞膏肓，命在旦夕者也。非去其病，则一切调摄、滋补、荣卫之术，皆无所用。故破坏之药，遂成为今日第一要件，遂成为今日第一美德！世有深仁博爱之君子，惧破坏之剧且烈也，于是窃窃然欲补苴而幸免之。吾非不惧破坏，顾吾尤惧夫今日不破坏，而他日之破坏终不可免，且愈剧而愈烈也。故与其听彼自然之破坏而终不可救，毋宁加以人为之破坏而尚可有为。自然之破坏者，即以病致死之喻也；人为之破坏者，即以药攻病之喻也。故破坏主义之在今日，实万无可避者也。《书》曰：“若药不瞑眩，厥疾不瘳。”西谚曰：“文明者非徒购之以价值而已，又购之以苦痛。”破坏主义者，实冲破文明进步之阻力，扫荡魑魅魍魉之巢穴，而救国救种之下手第一着也。处今日而犹惮言破坏者，是毕竟保守之心盛，欲布新而不欲除旧，未见其能济者也。

破坏之与成立，非不相容乎？曰：是不然。与成立不相容者，自然之破坏也；与成立两相济者，人为之破坏也。吾辈所以汲汲然倡人为之破坏者，惧夫委心任运听其自腐自败，而将终无成立之望也，故不得不用破坏之手段以成立之。凡所以破坏者为成立也，故持破坏主义者，不可不先认此目的。苟不尔，则满朝奴颜婢膝之官吏，举国醉生梦死之人民，其力自足以任破坏之役而有余，又何用我辈之汲汲为也？故今日而言破坏，当以不忍人之心，行不得已之事。彼法国十八世纪末叶之破坏，所以造十九世纪近年之成立也；彼日本明治七、八年以前之破坏，所以造明治二十三年以后之成立也。破坏乎，成立乎，一而二、二而一者也。虽然，天下事成难于登天，而败易于下海。故苟不案定目的，而惟以破坏为快心之具，为出气之端，恐不免为无成立之破坏。譬之药不治病，而徒以速死，将使天下人以药为诟，而此后讳疾忌医之风将益炽。是亦有志之士不可不戒者也！

结　论

呜呼，老朽者不足道矣！今日以天下自任而为天下人所属望者，实惟中国之少年。我少年既以其所研究之新理、新说公诸天下，将以一洗数千年之旧毒，甘心为四万万人安坐以待亡国者之公敌，则必毋以新毒代旧毒，毋使敌我者得所口实，毋使旁观者转生大惑，毋使后来同志者反因我而生阻力。然则其道何由？亦曰：知有合群之独立，则独立而不轧轹；知有制裁之自由，则自由而不乱暴；知有虚心之自信，则自信而不骄盈；知有爱他之利己，则利己而不偏私；知有成立之破坏，则破坏而不危险。所以治身之道在是，所以救国之道亦在是！天下大矣，前途远矣，行百里者半九十，是在少年！是在吾党！

呵旁观者文

天下最可厌、可憎、可鄙之人，莫过于旁观者。

旁观者，如立于东岸，观西岸之火灾，而望其红光以为乐；如立于此船，观彼船之沉溺，而睹其凫浴以为欢。若是者，谓之阴险也不可，谓之狠毒也不可，此种人无以名之，名之曰无血性。嗟乎！血性者，人类之所以生，世界之所以立也；无血性，则是无人类、无世界也。故旁观者，人类之蟊贼，世界之仇敌也。

人生于天地之间，各有责任。知责任者，大丈夫之始也；行责任者，大丈夫之终也。自放弃其责任，则是自放弃其所以为人之具也。是故人也者，对于一家而有一家之责任，对于一国而有一国之责任，对于世界而有世界之责任。一家之人各自放弃其责任，则家必落；一国之人各自放弃其责任，则国必亡；全世界人人各自放弃其责任，则世界必毁。旁观云者，放弃责任之谓也。

中国辞章家有警语二句，曰："济人利物非吾事，自有周公孔圣人。"中国寻常人有熟语二句，曰："各人自扫门前雪，不管他人瓦上霜。"此数语者，实旁观派之经典也，口号也。而此种经典口号，深入于全国人之脑中，拂之不去，涤之不净。质而言之，即"旁观"二字代表吾全国人之性质也，是即"无血性"三字为吾全国人所专有物也。呜呼，吾为此惧！

旁观者，立于客位之意义也。天下事不能有客而无主，譬之一家，大而教训其子弟，综核其财产；小而启闭其门户，洒扫其庭除，皆主人之事也。主人为谁？即一家之人是也。一家之人，各尽其主人之职而家以成。若一家之人各自立于客位，父诿之于子，子诿之于父；兄诿之于弟，弟诿之于兄；夫诿之于妇，妇诿之于夫；是之谓无主之家。无主之家，其败亡可立而待也。惟国亦然。一国之主人为谁？即一国之人是也。西国之所以强者无他焉，一国之人各尽其主人之职而已。中国则不然，入其国，问其主人为谁，莫之承也。将谓百姓为主人欤？百姓曰：此官吏之事也，我何与焉？将谓官吏为主人欤！官吏曰：我之尸此位也，为吾威势耳，为吾利源耳，其他我何知焉？若是乎一国虽大，竟无一主人也。无主人之国，则奴仆从而弄之，盗贼从而夺之，固宜。《诗》曰："子有庭内，弗洒弗扫。子有钟鼓，弗鼓弗考。宛其死矣，他人是保。"此天理所必至也，于人乎何尤？

夫对于他人之家、他人之国而旁观焉，犹可言也，何也？我固客也[①]。对于吾家、吾国而旁观焉，不可言也，何也？我固主人也。我尚旁观，而更望谁之代吾责也？大抵家国之盛衰兴亡，恒以其家中、国中旁观者之有无多少为差。国人无一旁观者，国虽小而必兴；国人尽为旁观者，国虽大而必亡。今吾观中国四万万人，皆旁观者也。谓余不信，请征其流派：

一曰混沌派。此派者，可谓之无脑筋之动物也。彼等不知有所谓世界，不知有所谓国，不知何者为可忧，不知何者为可惧，质而论之，即不知人世间有应做之事也。饥而食，饱而游，困而睡，觉而起，户以内即其小天地，争一钱可以殒身命，彼等既不知有事，何所谓办与不办？既不知有国，何所谓亡与不亡？譬之游鱼居将沸之鼎，犹误为水暖之春江；巢燕处半火之堂，犹疑为照屋之出日。彼等之生也，如以机器制成者，能运动而不能知觉；其死也，如以电气殛毙者，有堕落而不有苦痛，蠕蠕然度数十寒暑而已。彼等虽为旁观者，然曾不自知其为旁观者，吾命之为旁观派中之天民。四万万人中属于此派者，殆不止三万五千万人。然此又非徒不识字、不治生之人而已。天下固有不识字、不治生之人而不混沌者，亦有号称能识字、能治生之人而实大混沌者。大抵京外大小数十万之官吏，应乡、会、岁科试数百万之士子，满天下之商人，皆于其中十有九属于此派者。

二曰为我派。此派者，俗语所谓遇雷打尚按住荷包者也。事之当办，彼非不知；国之将亡，彼非不知。虽然，办此事而无益于我，则我惟旁观而已；亡此国而无损于我，则我惟旁观而已。若冯道当五季鼎沸之际，朝梁夕晋，犹以五朝元老自夸；张之洞自言瓜分之后，尚不失为小朝廷大臣，皆此类也。彼等在世界中，似是常立于主位而非立于客位者。虽然，不过以公众之事业，而计其一己之利害；若夫公众之利害，则彼始终旁观者也。吾昔见日本报纸中有一段，最能摹写此辈情形者，其言曰：

①侠者之义，虽对于他国、他家亦不当旁观，今姑置勿论——作者原注。

吾尝游辽东半岛，见其沿道人民，察其情态，彼等于国家存亡危机，如不自知者；彼等之待日本军队，不见为敌人，而见为商店之主顾客；彼等心目中，不知有辽东半岛割归日本与否之问题，惟知有日本银色与纹银兑换补水几何之问题。

此实写出魑魁魍魉之情状，如禹鼎铸奸矣。推为我之敝，割数千里之地，赔数百兆之款，以易其衙门咫尺之地，而曾无所顾惜，何也？吾今者既已六七十矣，但求目前数年无事，至一瞑之后，虽天翻地覆非所问也。明知官场积习之当改而必不肯改，吾衣领饭碗之所在也。明知学校科举之当变而不肯变，吾子孙出身之所由也。此派者，以老聃为先圣，以杨朱为先师，一国中无论为官、为绅、为士、为商，其据要津、握重权者皆此辈也，故此派有左右世界之力量。一国聪明才智之士，皆走集于其旗下，而方在萌芽卵孵之少年子弟，转率仿效之，如麻风、肺病者传其种于子孙，故遗毒遍于天下，此为旁观派中之最有魔力者。

三曰呜呼派。何谓呜呼派？彼辈以咨嗟太息、痛哭流涕为独一无二之事业者也。其面常有忧国之容，其口不少哀时之语，告以事之当办，彼则曰诚当办也，奈无从办起何；告以国之已危，彼则曰诚极危也，奈已无可救何；再穷诘之，彼则曰国运而已，天心而已。“无可奈何”四字是其口诀，“束手待毙”一语是其真传。如见火之起，不务扑灭，而太息于火势之炽炎；如见人之溺，不思拯援，而痛恨于波涛之澎湃。此派者，彼固自谓非旁观者也，然他人之旁观也以目，彼辈之旁观也以口。彼辈非不关心国事，然以国事为诗料；非不好言时务，然以时务为谈资者也。吾人读波兰灭亡之记、埃及惨状之史，何尝不为之感叹，然无益于波兰、埃及者，以吾固旁观也。吾人见非律宾[①]与美血战，何尝不为之起敬，然无助于非律宾者，以吾固旁观也。所谓呜呼派者，何以异是！此派似无补于世界，亦无害于世界者，虽然，灰国民之志气，阻将来之进步，其罪实不薄也。此派者，一国中号称名士者皆归之。

四曰笑骂派。此派者，谓之旁观，宁谓之后观。以其常立于人之背

①今多写为“菲律宾”。

后，而以冷言热语批评人者也。彼辈不惟自为旁观者，又欲逼人使不得不为旁观者。既骂守旧，亦骂维新；既骂小人，亦骂君子。对老辈则骂其暮气已深，对青年则骂其躁进喜事。事之成也，则曰竖子成名；事之败也，则曰吾早料及。彼辈常自立于无可指摘之地，何也？不办事故无可指摘，旁观故无可指摘。己不办事，而立于办事者之后，引绳批根以嘲讽掊击，此最巧黠之术，而使勇者所以短气，怯者所以灰心也。岂直使人灰心短气而已，而将成之事，彼辈必以笑骂沮之；已成之事，彼辈能以笑骂败之。故彼辈者，世界之阴人也。夫排斥人未尝不可，己有主义欲伸之，而排斥他人之主义，此西国政党所不讳也。然彼笑骂派果有何主义乎？譬之孤舟遇风于大洋，彼辈骂风、骂波、骂大洋、骂孤舟，乃至遍骂同舟之人，若问此船当以何术可达彼岸乎，彼等瞠然无对也，何也？彼辈借旁观以行笑骂，失旁观之地位，则无笑骂也。

五曰暴弃派。呜呼派者，以天下为无可为之事；暴弃派者，以我为无可为之人也；笑骂派者，常责人而不责己；暴弃派者，常望人而不望己也。彼辈之意，以为一国四百兆人，其三百九十九兆九亿九万九千九百九十九人中，才智不知几许，英杰不知几许，我之一人岂足轻重。推此派之极弊，必至四百兆人，人人皆除出自己，而以国事望诸其余之三百九十九兆九亿九万九千九百九十九人。统计而互消之，则是四百兆人，卒至实无一人也。夫国事者，国民人人各自有其责任者也，愈贤智则其责任愈大，即愚不肖亦不过责任稍小而已，不能谓之无也。他人虽有绝大智慧、绝大能力，只能尽其本身分内之责任，岂能有分毫之代我？譬之欲不食而使善饭者为我代食，欲不寝而使善睡者为我代寝，能乎否乎？夫我虽愚不肖，然既为人矣，即为人类之一分子也；既生此国矣，即为国民之一阿屯也，我暴弃己之一身，犹可言也，污蔑人类之资格，灭损国民之体面，不可言也。故暴弃者实人道之罪人也。

六曰待时派。此派者，有旁观之实而不自居其名者也。夫待之云者，得不得未可必之词也。吾待至可以办事之时然后办之，若终无其时，则是终不办也。寻常之旁观则旁观人事，彼辈之旁观则旁观天时也。且必如何然后为可以办事之时，岂有定形哉？办事者，无时而非可办之时；不办事者，无时而非不可办之时。故有志之士，惟造时势而已，未闻有待时势者也。待时云者，欲觇风潮之所向，而从旁拾其余利，向于东则随之而东，向于西则随之而西，是乡愿之本色，而旁观派之最巧者也。

以上六派，吾中国人之性质尽于是矣。其为派不同，而其为旁观者则同。若是乎，吾中国四万万人，果无一非旁观者也；吾中国虽有四万万人，果无一主人也。以无一主人之国，而立于世界生存竞争最剧最烈、万鬼环瞰、百虎眈视之大舞台，吾不知其如何而可也。六派之中，第一派为不知责任之人，以下五派为不行责任之人，知而不行，与不知等耳。且彼不知者犹有冀焉，冀其他日之知而即行也。若知而不行，则是自绝于天地也。故吾责第一派之人犹浅，责以下五派之人最深。

虽然，以阳明学知行合一之说论之，彼知而不行者，终是未知而已。苟知之极明，则行之必极勇。猛虎在于后，虽跛者或能跃数丈之涧；燎火及于邻，虽弱者或能运千钧之力，何也？彼确知猛虎、大火之一至，而吾之性命必无幸也。夫国亡种灭之惨酷，又岂止猛虎、大火而已。吾以为举国之旁观者直未知之耳，或知其一二而未知其究竟耳。若真知之，若究竟知之，吾意虽箝其手、缄其口，犹不能使之默然而息，块然而坐也。安有悠悠日月，歌舞太平，如此江山，坐付他族，袖手而作壁上之观，面缚以待死期之至，如今日者耶？嗟乎！今之拥高位，秩厚禄，与夫号称先达名士有闻于时者，皆一国中过去之人也。如已退院之僧，如已闭房之妇，彼自顾此身之寄居此世界，不知尚有几年，故其于国也有过客之观，其苟且以媮逸乐，袖手以终余年，固无足怪焉。若我辈青年，正一国将来之主人也，与此国为缘之日正长。前途茫茫，未知所届。国之兴也，我辈实躬享其荣；国之亡也，我辈实亲尝其惨。欲避无可避，欲逃无可逃，其荣也非他人之所得攘，其惨也非他人之所得代。言念及此，夫宁可旁观耶？夫宁可旁观耶？吾岂好为深文刻薄之言以骂尽天下哉？毋亦发于不忍旁观区区之苦心，不得不大声疾呼，以为我同胞四万万人告也。

旁观之反对曰任。孔子曰："天下有道，丘不与易也。"孟子曰："如欲平治天下，当今之世，舍我其谁也。"任之谓也。

新大陆游记

（节录）

综观以上所列，则吾中国人之缺点，可得而论次矣。

一曰有族民资格而无市民资格。吾中国社会之组织，以家族为单位，不以个人为单位，所谓家齐而后国治是也。周代宗法之制，在今日其形式虽废，其精神犹存也。窃尝论之，西方阿利安人种之自治力，其发达固最早，即吾中国人之地方自治，宜亦不弱于彼。顾彼何以能组成一国家而我不能？则彼之所发达者，市制之自治；而我所发达者，族制之自治也。试游我国之乡落，其自治规模，确有不可掩者。即如吾乡，不过区区二三千人耳，而其立法、行政之机关，秩然不相混。他族亦称是。若此者，宜其为建国之第一基础也。乃一游都会之地，则其状态之凌乱，不可思议矣。凡此皆能为族民不能为市民之明证也，吾游美洲而益信。彼既已脱离其乡井，以个人之资格，来住于最自由之大市，顾其所赍来、所建设者，仍舍家族制度外无他物，且其所以维持社会秩序之一部分者，仅赖此焉。此亦可见数千年之遗传，植根深厚，而为国民乡导者，不可不于此三致意也。

二曰有村落思想而无国家思想。吾闻卢斯福之演说，谓今日之美国民最急者，宜脱去村落思想，其意盖指各省、各市人之爱省心、爱市心而言也。然以历史上之发达观之，则美国所以能行完全之共和政者，实全恃此村落思想为之原。村落思想，固未可尽非也。虽然，其发达太过度，又为建国一大阻力。此中之度量分界，非最精确之权量，不足以衡之。而我中国则正发达过度者也。岂惟金山人为然耳，即内地亦莫不皆然，虽贤智之士，亦所不免。廉颇用赵，子房思韩，殆固有所不得已者耶！然此界不破，则欲成一巩固之帝国，盖亦难矣。

三曰只能受专制不能享自由。此实刍狗万物之言也，虽然，其奈实情如此，即欲掩讳，其可得耶？吾观全地球之社会，未有凌乱于旧金山之华人者。此何以故？曰自由耳。夫内地华人性质，未必有以优于金山，然在内地，犹长官所及治，父兄所及约束也。南洋华人，与内地异矣，然英、荷、法诸国，待我甚酷，十数人以上之集会，辄命解散，一切自由，悉被剥夺，其严刻更过于内地，故亦戢戢焉。其真能与西人享法律上同等之自由者，则旅居美洲、澳洲之人是也。然在人少之市，其势不能成，故其弊亦不甚著。群最多之人，以同居于一自由市者，则旧金山其称首也，而其现象乃若彼。有乡人为余言，旧金山华人，惟前此左庚氏任领事时，最为安谧，人无敢挟刃寻仇者，无敢聚众滋事者，无敢游手闲行者，各秘密结社，皆敛迹屏息，夜户无惊，民孜孜务就职业。盖左氏授意彼市警吏，严缉之而重罚之也。及左氏去后，而故态依然。此实专制安而自由危，专制利而自由害之明证也。吾见其各会馆之规条，大率皆仿西人党会之例，甚文明，甚缜密，及观其所行，则无一不与规条相反悖。即如中华会馆者，其犹全市之总政府也，而每次议事，其所谓各会馆之主席及董事，到者不及十之一，百事废弛，莫之或问。或以小小意见，而各会馆抗不纳中华会馆之经费，中华无如何也。至其议事，则更有可笑者。吾尝见海外中华会馆之议事者数十处，其现象不外两端：其一则一二上流社会之有力者，言莫予违，众人唯诺而已，名为会议，实则布告也，命令也。若是者，名之为寡人专制政体。其二则所谓上流社会之人，无一有力者，遇事曾不敢有所决断，各无赖少年，环立于其旁，一议出则群起而噪之，而事终不得决。若是者，名之为暴民专制政体。若其因议事而相攘臂、相操戈者，又数见不鲜矣。此不徒海外之会馆为然也，即内地所称公局公所之类，何一非如是？即近年来号称新党志士者所组织之团体，所称某协会、某学社者，亦何一非如是。此固万不能责诸一二人，盖一国之程度，实如是也。即李般所谓国民心理，无所往而不发现也。夫以若此之国民，而欲与之行合议制度，能耶否耶？更观其选举，益有令人失惊者。各会馆之有主席也，以为全会馆之代表也。而其选任之也，此县与彼县争[①]；一县之中，此姓与彼姓争；一姓之中，此乡与彼乡争；一乡之中，此房与彼房争。每当选举时，往往杀人流血者，不可胜数也。夫不过区区一会馆耳，所争者岁千余金之权利耳，其区域不过限于一两县耳，而弊端乃若此；扩而大之，其惨象宁堪设想？恐不仅如南美诸国之四年一革命而已。以若此之国民，而欲与

①各会馆多合同数县者——作者原注。

之行选举制度，能耶否耶？难者将曰，此不过旧金山一市之现象而已，以汝粤山谷犷顽之民俗，律我全国，恶乎可？虽然，吾平心论之，吾未见内地人之性质，有以优于旧金山人也；吾反见其文明程度，尚远出旧金山人下也。问全国中有能以二三万人之市，容六家报馆者乎？无有也。问全国中之团体，有能草定如八大会馆章程之美备者乎？无有也。以旧金山犹如此，内地更可知矣。且即使内地人果有以优于金山人，而其所优者亦不过百步之与五十步，其无当于享受自由之资格，则一而已。夫岂无一二聪伟之士，其理想，其行谊，不让欧美之上流社会者？然仅恃此千万人中之一二人，遂可以立国乎？恃千万人中之一二人，以实行干涉主义以强其国，则可也；以千万人中之一二人为例，而遂曰全国人可以自由，不可也。夫自由云，立宪云，共和云，是多数政体之总称也。而中国之多数、大多数、最大多数，如是如是，故吾今若采多数政体，是无以异于自杀其国也。自由云，立宪云，共和云，如冬之葛，如夏之裘，美非不美，其如于我不适何！吾今其毋眩空华，吾今其勿圆好梦。一言以蔽之，则今日中国国民，只可以受专制，不可以享自由。吾祝吾祷，吾讴吾思，吾惟祝祷讴思我国得如管子、商君、来喀瓦士、克林威尔其人者生于今日，雷厉风行，以铁以火，陶冶锻炼吾国民二十年、三十年乃至五十年，夫然后与之读卢梭之书，夫然后与之谈华盛顿之事[①]。

四曰无高尚之目的。此实吾中国人根本之缺点也。均是国民也，或为大国民、强国民，或为小国民、弱国民，何也？凡人处于空间，必于一身衣食住之外，而有更大之目的；其在时间，必于现在安富尊荣之外，而有更大之目的。夫如是乃能日有进步，缉熙于光明，否则凝滞而已，堕落而已。个人之么匿体如是，积个人以为国民，其拓都体亦复如是。欧美人高尚之目的不一端，以吾测之，其最重要者，则好美心其一也瞳[②]，社会之名誉心其二也，宗教之未来观念其三也。泰西精神的文明之发达，殆以此三者为根本，而吾中国皆最缺焉。故其所营营者只在一身，

①以上三条，皆说明无政治能力之事。其保守心太重一端，人人共和，无俟再陈——作者原注。

②希腊人言德行者，以真、善、美三者为究竟。吾中国多言善而少言美，惟孔子谓韶尽美又尽善，孟子言可欲之谓善，充实之谓美，皆两者对举，此外言者甚希。以比较的论之，虽谓中国为不好美之国民可也——作者原注。

其所孳孳者只在现在，凝滞堕落之原因，实在于是。此不徒海外人为然也，全国皆然，但吾至海外而深有所感，故论及之。此其理颇长，非今日所能毕其词也。

此外，中国人性质不及西人者多端，余偶有所触辄记之，或过而忘之。今将所记者数条丛录于下，不复伦次也：西人每日只操作八点钟，每来复曰则休息。中国商店每日晨七点开门，十一二点始歇，终日危坐店中，且来复日亦无休，而不能富于西人也，且其所操作之工，亦不能如西人之多，何也？凡人做事，最不可有倦气，终日终岁而操作焉，则必厌，厌则必倦，倦则万事堕落矣。休息者，实人生之一要件也。中国人所以不能有高尚之目的者，亦无休息实尸其咎。美国学校，每岁平均只读百四十日书，每日平均只读五六点钟书，而西人学业优尚于华人，亦同此理。华人一小小商店，动辄用数人乃至十数人，西人寻常商店，惟一二人耳。大约彼一人总做我三人之工，华人非不勤，实不敏也。来复日休息，洵美矣。每经六日之后，则有一种方新之气，人之神气清明实以此。中国人昏浊甚矣，即不用彼之礼拜，而十日休沐之制，殆不可不行。试集百数十以上之华人于一会场，虽极肃穆毋哗，而必有四种声音：最多者为咳嗽声，为欠伸声，次为嚏声，次为拭鼻涕声。吾尝于演说时默听之，此四声者如连珠然，未尝断绝。又于西人演说场、剧场静听之，虽数千人不闻一声。东洋汽车、电车必设唾壶，唾者狼藉不绝；美国车中设唾壶者甚希，即有亦几不用。东洋汽车途间在两三点钟以上者，车中人假寐过半；美国车中虽行终日，从无一人作隐几卧。东西人种之强弱优劣可见。旧金山西人常有迁华埠之议，盖以华埠在全市中心最得地利，故彼涎之，抑亦借口于吾人之不洁也。使馆参赞某君尝语余曰，宜发论使华人自迁之。今夫华埠之商业，非能与西人争利也，所招徕者皆华人耳，自迁他处，其招徕如故也。迁后而大加整顿之，使耳目一新，风气或可稍变。且毋使附近彼族，日日为其眼中钉，不亦可乎？不然，我不自迁，彼必有迁我之一日，及其迁而华埠散矣，云云。此亦一说也。虽然，试问能办得到否？不过一空言耳。旧金山凡街之两旁人行处[①]，不许吐唾，不许抛弃腐纸杂物等，犯者罚银五元；纽约电车不许吐

①中央行车——作者原注。

唾，犯者罚银五百元，其贵洁如是，其厉行干涉不许自由也如是。而华人以如彼凌乱秽浊之国民，毋怪为彼等所厌。西人行路，身无不直者，头无不昂者。吾中国则一命而伛，再命而偻，三命而俯。相对之下，真自惭形秽。西人行路，脚步无不急者，一望而知为满市皆有业之民也，若不胜其繁忙者然。中国人则雅步雍容，鸣琚佩玉，真乃可厌。在街上远望数十丈外有中国人迎面来者，即能辨认之，不徒以其躯之短而颜之黄也。西人数人同行者如雁群，中国人数人同行者如散鸭。西人讲话，与一人讲，则使一人能闻之；与二人讲，则使二人能闻之；与十人讲，则使十人能闻之；与百人、千人、数千人讲，则使百人、千人、数千人能闻之。其发声之高下，皆应其度。中国则群数人坐谈于室，声或如雷；聚数千演说于堂，声或如蚊。西人坐谈，甲语未毕，乙无儳言；中国人则一堂之中，声浪稀乱，京师名士，或以抢讲为方家，真可谓无秩序之极。孔子曰："不学诗，无以言：不学礼，无以立。"吾友徐君勉亦云中国人未曾会行路，未曾会讲话。真非过言。斯事虽小，可以喻大也。

吾今后所以报国者

吾二十年来之生涯，皆政治生涯也。吾自距今一年前，虽未尝一日立乎人之本朝，然与国中政治关系，殆未尝一日断。吾喜摇笔弄舌，有所论议，国人不知其不肖，往往有乐倾听之者。吾问学既谫薄，不能发为有统系的理想，为国民学术辟一蹊径；吾更事又浅，且去国久，而与实际之社会阂隔，更不能参稽引申，以供凡百社会事业之资料。惟好攘臂扼腕以谭[①]政治，政治谭以外，虽非无言论，然匣剑帷灯。意固有所属，凡归于政治而已。吾亦尝欲借言论以造成一种人物，然所欲造成者，则吾理想中之政治人物也。吾之作政治谭也，常为自身感情作用所刺激，而还以刺激他人之感情，故持论亦屡变，而往往得相当之反响。畴昔所见浅，时或沾沾自喜，谓吾之多言，庶几于国之政治小有所裨，至今国中人犹或以此许之。虽然，吾今体察既确，吾历年之政治谭，皆败绩失据也。吾自问本心，未尝不欲为国中政治播佳种，但不知吾所谓佳种者误于别择耶？将播之不适其时耶？不适其地耶？抑将又播之不以其道耶？要之，所获之果，殊反于吾始愿所期。吾尝自讼，吾所效之劳，不足以偿所造之孽也。吾躬自为政治活动者亦既有年，吾尝与激烈派之秘密团体中人往还，然性行与彼辈不能相容，旋即弃去。吾尝两度加入公开之政治团体，遂不能自有所大造于其团体，更不能使其团体有所大造于国家，吾之败绩失据又明甚也。吾曾无所于悔，顾吾至今乃确信，吾国现在之政治社会，决无容政治团体活动之余地。以今日之中国人而组织政治团体，其于为团体分子之资格，所缺实多。夫吾即不备此资格者之一人也，而吾所亲爱之俦侣，其各皆有所不备，亦犹吾也。吾于是曰憬然有所感，以谓吾国欲组织健全之政治团体，则于组织之前更当有事焉，曰：务养成较多数可以为团体中健全分子之人物。然兹事终已非旦夕所克立致。未能致而强欲致焉，一方面既使政治团体之信用失坠于当世，沮其前途发育之机；一方面尤使多数有为之青年，浪耗其日力于无结果之事业，甚则品格器量，皆生意外之恶影响。吾为此惧，故吾于

①“谭”疑为“谈”的讹误。

政治团体之活动，遂不得不中止。吾又尝自立于政治之当局，迄今犹尸名于政务之一部分。虽然，吾自始固自疑其不胜任，徒以当时时局之急迫，政府久悬，其祸之中于国家者或不可测，重以友谊之敦劝，乃勉起以承其乏。其间不自揣，亦颇尝有所规画，思效铅刀之一割，然大半与现在之情实相阂，稍入其中，而知吾之所主张，在今日万难贯澈[1]，而反乎此者，又恒觉于心有所未安。其权宜救时之政，虽亦明知其不得不尔，然大率为吾生平所未学，虽欲从事而无能为役。若此者，于全局之事有然，于一部分之事亦有然。是故援"陈力就列，不能者止"之义，吁求引退，徒以元首礼意之殷渥，辞不获命，暂腼然滥竽今职。亦惟思拾遗补阙，为无用之用，而事实上则与政治之关系日趋于疏远，更得闲者，则吾政治生涯之全部，且将中止矣。夫以二十年习于此生涯之人，忽焉思改其度，非求息肩以自暇逸也，尤非有所愤恶而逃之也。吾自始本为理论的政谭家，其能勉为实行的政务家与否，原不敢自信，今以一年来所经历，吾一面虽仍确信理论的政治，吾中国将来终不可以蔑弃；吾一面又确信吾国今日之政治，万不容拘律以理论。而现在佐元首以实行今日适宜之政治者，其能力实过吾倍蓰。以吾参加于诸公之列，不能多有所助于其实行，亦犹以诸公参加于吾之列，不能多有所助于吾理论也。夫社会以分劳相济为宜，而能力以用其所长为贵。吾立于政治当局，吾自审虽蚤作夜思、鞠躬尽瘁，吾所能自效于国家者有几？夫一年来之效既可睹矣。吾以此日力，以此心力，转而用诸他方面，安见其所自效于国家者，不有以加于今日？然则还我初服，仍为理论的政谭家耶？以平昔好作政谭之人，而欲绝口不谭政治，在势固必不能自克，且对于时政得失而有所献替，亦言论家之通责，吾岂忍有所讳避？虽然，吾以二十年来几度之阅历，吾深觉政治之基础恒在社会，欲应用健全之政论，则于论政以前更当有事焉。而不然者，则其政论徒供刺激感情之用，或为剽窃干禄之资，无论在政治方面，在社会方面，皆可以生意外之恶影响，非直无益于国而或反害之。故吾自今以往，不愿更多为政谭，非厌倦也，难之故慎之也。政谭且不愿多作，则政团更何有？故吾自今以往，除学问上或与二三朋辈结合讨论外，一切政治团体之关系，皆当中止，乃至

[1] "贯澈"疑为"贯彻"的讹误。

生平最敬仰之师长，最亲习之友生，亦惟以道义相切劘，学艺相商榷，至其政治上之言论、行动，吾决不愿有所与闻，更不能负丝毫之连带责任。非孤僻也，人各有其见地，各有其所以自信者，虽以骨肉之亲，或不能苟同也。

夫身既渐远于政局，而口复渐稀于政谭，则吾之政治生涯，真中止矣。吾自今以往，吾何以报国者？吾思之，吾重思之，吾犹有一莫大之天职焉。夫吾固人也，吾将讲求人之所以为人者，而与吾人商榷之；吾固中国国民也，吾将讲求国民之所以为国民者，而与吾国民商榷之。人之所以为人，国民之所以为国民，虽若夫妇之愚可以与知乎，而吾国竟若有所未解，或且反其道而恬不以为怪。质言之，则中国社会之堕落窳败，晦盲否塞，实使人不寒而栗。以智识、才技之晻陋若彼，势必劣败于此物竞至剧之世，举全国而为饿殍；以人心风俗之偷窳若彼，势必尽丧吾祖若宗遗传之善性，举全国而为禽兽。在此等社会上而谋政治之建设，则虽岁变更其国体，日废置其机关，法令高与山齐，庙堂曰昃不食，其亦曷由致治，有蹙蹙以底于亡已耳！夫社会之敝极于今日，而欲以手援天下，夫孰不知其难？虽然，举全国聪明才智之士，悉辏集于政界，而社会方面，空无人焉，则江河日下，又何足怪？吾虽不敏，窃有志于是，若以言论之力，能有所贡献于万一，则吾所以报国家之恩我者，或于是乎在矣！

说希望

机埃的[1]之言曰："希望者失意人之第二灵魂也。"岂惟失意人而已。凡中外古今之圣贤豪杰，忠臣烈士，与夫宗教家、政治家、发明家、冒险家之所以震撼宇宙，创造世界，建不朽之伟业以辉耀历史者，殆莫不藉[2]此第二灵魂之希望，驱之使上于进取之途。故希望者制造英雄之原料，而世界进化之导师也。

人类者生而有欲者也。原人之朔，榛狂无知，饥则食焉，疲则息焉，饮食男女之外，无他思想。而其所谓饮食男女者，亦止求一时之饱暖嬉乐，而不复知有明日，无所谓蓄积，无所谓预备，只有肉欲而绝无欲望，蠕蠕然无以异于动物也。及其渐进渐有思想，而将来之观念始萌，于是知为其饮食男女之肉欲，谋前进久长之计。斯时也，则有所谓生全之希望。思想日益发达，希望日益繁多。于其肉欲之外，知有所谓权力者，知有所谓名誉者，知有所谓宗教道德者，知有所谓政治法律者，由生存之希望，进而为文化之希望。其希望愈大，而其群治之进化亦愈彬彬矣。

故夫希望者人类之所以异于禽兽，文明之所以异于野蛮，而亦豪杰之所以异于凡民者也。亚历山大之远征波斯也，尽斥其所有之珍宝以遍赐群臣。群臣曰：然则王更何有乎？亚历山大曰：吾有一焉，曰"希望"。夫亚历山大之丰功盛烈，赫然照烁于今古，然其功烈之成立，实希望为之涌泉。宁独亚历山大而已，摩西之出埃及也，数十年徘徊于沙漠之中，然卒能脱犹太人之羁轭，导之于葡萄繁熟、蜜乳馥郁之境。摩西之能有成功，迦南乐土之希望为之也。哥伦布之航海也，谋之贵族而贵族哗之，谋之葡国政府而政府拒之，乃至同行之人，困沮悔恨而思杀之，然卒能发见美洲，为欧人辟一新世界。哥伦布之能有成功，发见新地之希望为之也。玛志尼诸人之建国也，突起于帝政教政压抑之下，张空拳以求独立，然卒能脱墺人之压制，建新罗马之名邦。玛志尼

[1]今译为"歌德"。
[2]今多写为"借"。

诸人之能有成功，意大利统一之希望为之也。华盛顿之奋起也，抗英血战八年，联合诸州者十载，然卒能脱离母国，建一完备之共和新国以为天下倡。华盛顿之能有成功，美国独立之希望为之也。宁独西国前哲而已，勾践一降王耳，然能以五千之甲士，困夫差于甬东也，则以有报吴之希望故。申包胥一逋臣耳，然能却败吴寇，复已熠之郢都也，则以有存楚之希望故。班超一书生耳，然能开通西域，断匈奴之右臂也，则以有立功绝域之希望故。范孟博登车揽辔，有澄清天下之大志；范文正方为秀才，有天下已任之雄心。自古之伟人杰士，类皆不肯苟安于现在之地位，其心中目中，别有第二之世界，足以餍人类向上求进之心。既悬此第二之世界以为程，则萃精神以谋之，竭全力以赴之，日夜奔赴于莽莽无极之前途，务达其鹄以为归宿。而功业成就之多寡，群治进化之深浅，悉视其希望之大小以为比列差。盖希望之力，其影响于世间者固若是其伟且大也。

天下最惨最痛之境，未有甚于“绝望”者也。信陵之退隐封邑，项羽之悲歌垓下，亚刺飞之窜身锡兰，拿破仑之见幽厄蔑，莫不抚髀悲悒，神气颓唐，一若天地虽大，蹙蹙无托身之所；日月虽长，奄奄皆待尽之年；醇酒妇人而外无事业，束手待死以外无志愿；我躬不阅，遑恤我后；朝不谋夕，谁能虑远。彼数子者，岂非喑呜叱咤、横绝一世之英雄哉？方其希望远大之时，虽盖世功名，曾不足以当其一盼；虽统一寰区，曾不足以满其志愿。及其希望既绝，则心死志馁，气索才尽，颓然沮丧，前后迥若两人。然后知英雄之所以为英雄者，固恃希望为之先导，而智虑才略，皆随希望以为消长者也。有希望则常人可以为英雄，无希望则英雄无以异于常人。盖希望之力，其影响于人者固若是其伟且大也。

天下之境有二：一曰现在，一曰未来。现在之境狭而有限，而未来之境广而无穷。英儒颉德之言曰：“进化之义，专在造出未来。其过去及现在，不过一过渡之方便法门耳。故现在者非为现在而存，实为未来而存。是以高等生物皆能为未来而有所贡献，代未来而多负责任。其勤劳于为未来者，优胜者也；怠逸于为未来者，劣败者也。”希望者固以未来的目的，而尽勤劳以谋其利益者也。然未来之利益，往往与现在之利益，枘凿而不能相容，二者不可得兼，有所取必有所弃。彼既有所希望矣，则心中目中，必有荼锦烂漫之生涯，宇宙昭苏之事业，亘其前途，其利益百什倍于现在，遂不惜取其现在者而牺牲之，以为未来之媒介。故释迦弃净饭太子之贵，而苦行穷山；路得辞教皇不赀之赏，而甘受廷讯；加富尔舍贵族富豪之安，而隐耕黎里；哥伦布掷乡里优游之乐，而奋身远航。以常人之眼观之，则彼好为自苦，非人情所能堪，岂不嗤为大愚，百思而不得其解哉！然苦乐本无定位，彼未来之所得，固足偿现在之失而有余，则常人所见为失而苦之者，彼固见为得而有以自乐。且攫金于市者，只见有金不见有人。彼日有无穷之愿欲悬于其前，则其视线心光，咸萃集于其希望之前途；而目前之所谓利益者，直如蚊虻之过耳，曾不足以芥蒂于其胸。贪夫殉财，烈士殉名，夸者殉权，哲人殉道，其所殉之物虽不同，而其所以为殉者，皆捐弃万事，以专注其希望之大欲而已。

且非独个人之希望为然也，国民之希望亦靡不然。英人固不喜急激之民族也，然一为大宪章之抗争，再为长期国会之更革，累数世之纷扰，则曰希望自由之故。法人三次革命，屡仆屡起，演大恐怖之惨剧，扰乱亘数十年，则日希望民政之故。美人崛起抗英，糜烂其民于硝烟弹雨之中，苦战八年，伏尸百万，则曰希望独立之故。彼所牺牲之利益，固视个人为尤惨酷矣；然彼既有自由、民政、独立之伟大目的在于未来，而为国民共同之希望。凡物必有代价，则其所牺牲者，固亦以现在为代价，而购此未来而已。

然而希望者，常有失望以与之为缘者也。其希望愈大者，则其成就也愈难，而其失望也愈众。譬之操舟泛港汊者，微波漾荡，可以扬帆径渡也；及泛江河，则风浪之恶，将十倍蓰于港汊矣；及航溟渤，则风浪之恶，又倍蓰于江河矣。失望与希望之相为比例，殆犹是也。惟豪杰之徒，为能保其希望而使之勿失。彼盖知远大之希望，固在数十百年之后，而非可取偿于旦夕之间。既非旦夕所能取偿，则所谓拂戾失意之境遇，要不过现在与未来利益之冲突，实为事势所必然。吾心中自有所谓第二世界者存，必不以目前之区区，沮吾心而馁吾志。英雄之希望如是，伟大国民之希望亦复如是。

老子曰："知足不辱，知止不殆。"此毁灭世界之毒药，萎杀思想之谬言也。我中人日奉一足止以为主义，恋恋于过去，而绝无未来之观念；眷眷于保守，而绝无进取之雄心。其下者日营利禄，日骛衣食，萃全神于肉欲，蜎蜎无异于原人；其上者亦惟灰心短气，太息于国事之不可为，志馁神沮，慨叹于前途之无可望，不为李后主之眼泪洗面，即为信陵君之醇酒妇人。人人皆为绝望之人，而国亦遂为绝望之国。呜呼，吾国其果绝望乎，则待死以外诚无他策；吾国其非绝望乎，则吾人之日月方长，吾人之心愿正大。旭日方东，曙光熊熊，吾其叱咤羲轮，放大光明以赫耀寰中乎！河出伏流，牵涛怒吼，吾其乘风扬帆，破万里浪以横绝五洲乎！穆王八骏，今方发轫，吾其扬鞭绝尘，骎骎与骅骝竞进乎！四百余州，河山重重；四亿万人，泱泱大风；任我飞跃，海阔天空；美哉前途，郁郁葱葱；谁为人豪？谁为国雄？我国民其有希望乎！其各立于所欲立之地，又安能郁郁以终也！

殉难六烈士传

康广仁传

康君名有溥，字广仁，以字行，号幼博，又号大广，南海先生同母弟也。精悍厉鸷，明照锐断，见事理若区别白黑，勇于任事，洞于察机，善于观人，达于生死之故，长于治事之条理，严于律己，勇于改过。自少即绝意不事举业，以为本国之弱亡，皆由八股锢塞人才所致，故深恶痛绝之，偶一应试，辄弃去。弱冠后尝为小吏于浙。盖君少年血气太刚，倜傥自喜，行事间或跅弛，踰越范围，南海先生欲裁抑之，故遣入宦场使之游于人间最秽之域，阅历乎猥鄙奔竞险诈苟且阘冗势利之境，使之察知世俗之情伪，然后可以收敛其客气，变化其气质，增长其识量。君为吏岁余，尝委保甲差、文闱差，阅历宦场既深，大耻之，挂冠而归。自是进德勇猛，气质大变，视前此若两人矣。君天才本卓绝，又得贤兄之教，覃精名理，故其发论往往精奇悍锐，出人意表，闻者为之咋舌变色，然按之理势，实无不切当。自弃官以后，经历更深，学识更加，每与论一事，穷其条理，料其将来，不爽累黍，故南海先生常资为谋议焉。今年春胶州、旅顺既失，南海先生上书痛哭论国是，请改革。君曰："今日在我国而言改革，凡百政事，皆第二着也，若第一着，则惟当变科举，废八股取士之制，使举国之士，咸弃其顽固谬陋之学，以讲求实用之学，则天下之人，如瞽者忽开目，恍然于万国强弱之故，爱国之心自生，人才自出矣。阿兄历年所陈改革之事，皆千条万绪，彼政府之人，早已望而生畏，故不能行也。今当以全副精神专注于废八股之一事，锲而不舍，或可有成。此关一破，则一切新政之根芽已立矣。"盖当时犹未深知皇上之圣明，故于改革之事不敢多所奢望也。及南海先生既召见，乡会八股之试既废，海内志士额手为国家庆。君乃曰："士之数莫多于童生与秀才，几居全数百分之九十九焉。今但变乡会试而不变岁科试，未足以振刷此辈之心目。且乡会试期在三年以后，为期太缓。此三年中人事靡常。今必先变童试、岁科试，立刻施行然后可。"乃与御史宋伯鲁谋，抗疏言之，得旨俞允。于是君语南海先生曰："阿兄可以出京矣。我国改革之期，今尚未至。且千年来行愚民之政，压抑既久，人才乏绝，今全国之材，尚不足任全国之事，改革甚难有效。今科举既变，学堂既开，阿兄宜归广东、上海，卓如宜归湖南[①]，专心教育之事，著书译书撰报，激厉[②]士民爱国之心，养成多数实用之才，三年之后，然后可大行改革也。"时南海先生初被知遇，天眷优渥，感激君恩，不忍舍去。既而天津阅兵废立之事，渐有所闻，君复语曰："自古无主权不一之国而能成大事者，今皇上虽天直睿圣，然无赏罚之权，全国大柄，皆在西后之手，而满人之猜忌如此，守旧大臣之相嫉如此，何能有成？阿兄速当出京养晦矣。"先生曰："孔子之圣，知其不可而为之，凡人见孺子将入于井，犹思援之，况全国之命乎？况君父之难乎？西后之专横，旧党之顽固，皇上非不知之，然皇上犹且舍位亡身，以救天下，我忝受知遇，义固不可引身而退也。"君复曰："阿兄虽舍身思救之，然于事必不能有益，徒一死耳。死固不足惜，但阿兄生平所志所学，欲发明公理，以救全世界之众生者，他日之事业正多，责任正重，今尚非死所也。"先生曰："生死自有天命，吾十五年前经华德里筑屋之下，飞砖猝坠，掠面而下，面损流血。使彼时飞砖斜落半寸击于脑，则死久矣。天下之境遇，皆华德里飞砖之类也。今日之事虽险，吾亦以飞砖视之，但行吾心之所安而已，他事非所计也。"自是君不复敢言出京。然南海先生每欲有所陈奏，有所兴革，君必劝阻之，谓当俟诸十月阅兵以后，若皇上得免于难，然后大举，未为晚也。故事凡皇上有所敕任，有所赐赉，必诣宫门谢恩，赐召见焉。南海先生先后奉命为总理各国事务衙门章京，督办官报局，又以著书之故，赐金二千两，皆当谢恩，君独谓："西后及满洲党相忌已甚，阿兄若屡见皇上，徒增其疑而速其变，不如勿往。"故先生自六月以后，上书极少，又不觐见，但上折谢恩，惟于所进呈之书，言改革之条理而已，皆从君之意也，其料事之明如此。南海先生既决意不出都，俟九月阅兵之役，谋有所救护，而君与谭君任此事最力。初，余既奉命督办译书，以君久在大同译书局，谙练此事，欲托君出上海总

①卓如者，余之字也。余在湖南时务学堂为总教习，故云然——作者原注。
②"激厉"疑为"激励"的讹误。

其成。行有日矣，而八月初二日忽奉明诏，命南海先生出京；初三日又奉密诏敦促，一日不可留。先生恋阙甚耿耿，君乃曰："阿兄即行，弟与复生、卓如及诸君力谋之。"盖是时虽知事急，然以为其发难终在九月，故欲竭蹶死力，有所布置也，以故先生行而君独留，遂及于难，其临大节之不苟又如此。君明于大道，达于生死，常语余云："吾生三十年，见兄弟戚友之年与我相若者，今死去不计其数矣。吾每将已身与彼辈相较，常作已死观；今之犹在人间，作死而复生观，故应做之事，即放胆做去，无所里碍，无所恐怖也。"盖君之从容就义者，其根柢深厚矣。既被逮之日，与同居二人程序谷、钱维骥同在狱中，言笑自若，高歌声出金石。程、钱等固不知密诏及救护之事，然闻令出西后，乃曰："我等必死矣。"君厉声曰："死亦何伤！汝年已二十余矣，我年已三十余矣，不犹愈于生数月而死，数岁而死者乎？且一刀而死，不犹愈于抱病岁月而死者乎？特恐我等未必死耳，死则中国之强在此矣，死又何伤哉？"程曰："君所言甚是，第外国变法，皆前者死，后者继，今我国新党甚寡弱，恐我辈一死，后无继者也。"君曰："八股已废，人才将辈出矣，何患无继哉？"神气雍容，临节终不少变，呜呼烈矣！南海先生之学，以仁为宗旨，君则以义为宗旨，故其治事也，专明权限，能断割，不妄求人，不妄接人，严于辞受取与，有高掌远蹠摧陷廓清之概。于同时士大夫之豪俊皆俯视之。当十六岁时，因恶帖括，故不悦学，父兄责之，即自抗颜为童子师。疑其游戏必不成，姑试之，而从之学者有八九人，端坐课弟子，庄肃俨然，手创学规，严整有度，虽极顽横之童子，戢戢奉法惟谨。自是知其为治事才，一切家事营辨督租皆委焉。其治事如商君法，如孙武令，严密缜栗，令出必行，奴仆无不畏之，故事无不举。少年曾与先生同居一楼，楼前有芭蕉一株，经秋后败叶狼藉。先生故有茂对万物之心，窗草不除之意，甚爱护之。忽一日失蕉所在，则君所锄弃也。先生责其不仁，君曰："留此何用，徒乱人意。"又一日先生命君检查屋上旧书整理之，以累世为儒，阁上藏前代帖括甚多，君举而付之一炬。先生诘之，君则曰："是区区者尚不割舍邪？留此物，此楼何时得清净。"此皆君十二三岁时轶事也。虽细端亦可以验见其刚断之气矣。君事母最孝，非在侧则母不欢，母有所烦恼，得君数言，辄怡笑以解。盖其在母侧，纯为孺子之容，与接朋辈任事时若两人云。最深于自知，勇于改过。其事为己所不能任者，必自白之，不轻许可，及其既任，则以心力殉之；有过失必自知之、自言之而痛改之，盖光明磊落，肝胆照人焉。君尝慨中国医学之不讲，草菅人命，学医于美人嘉约翰三年，遂通泰西医术。欲以移中国，在沪创医学堂，草具章程，虽以事未成，而后必行之。盖君之勇断，足以廓清国家之积弊，其明察精细，足以经营国家治平之条理，而未能一得藉手，遂殉国以殁。其所办之事，则在澳门创立《知新报》，发明民政之公理；在上海设译书局，译日本书以开民智；在西樵乡设一学校，以泰西政学教授乡之子弟；先生恶妇女缠足，壬午年创不缠足会而未成，君卒成之，粤风大移，粤会成则与超推之于沪，集士夫开不缠足大会，君实为总持；又与同志创女学堂，以救妇女之患，行太平之义。于君才未尽十一，亦可以观其志矣。君虽不喜章句记诵词章之学，明算工书，能作篆，尝为诗骈散文，然以为无用，既不求工，亦不存稿，盖皆以余事为之，故遗文存者无几。然其言往往发前人所未发，言人所不敢言。盖南海先生于一切名理，每仅发其端，含蓄而不尽言，君则推波助澜，穷其究竟，达其极点，故精思伟论独多焉。君既殁，朋辈将记忆其言语，裒而集之，以传于后。君既弃浙官，今年改官候选主事。妻黄谨娱，为中国女学会倡办董事。

论曰：徐子靖、王小航常语余云，二康皆绝伦之资，各有所长，不能轩轾。其言虽稍过，然幼博之才，真今日救时之良矣。世人莫不知南海先生，而罕知幼博，盖为兄所掩，无足怪也。而先生之好仁，与幼博之持义，适足以相补，故先生之行事，出于幼博所左右者为多焉。六烈士之中，任事之勇猛，性行之笃挚，惟复生与幼博为最。复生学问之深博，过于幼博；幼博治事之条理，过于复生，两人之才，真未易轩轾也。呜呼！今日眼中之人，求如两君者，可复得乎？可复得乎？幼博之入京也，在今春二月。时余适自湘大病出沪，扶病入京师应春官试。幼博善医学，于余之病也，为之调护饮食，剂医药，至是则伴余同北行。盖幼博之入京，本无他事，不过为余病耳。余病不死，而幼博死于余之病，余疚何如哉？

杨深秀传

杨君字漪邨，又号萅萅子，山西闻喜县人也。少颖敏，十二岁录为县学附生。博学强记，自十三经、史、汉、通鉴、管、荀、庄、墨、老、列、韩、吕诸子，乃至《说文》《玉篇》《水经注》，旁及佛典，皆能举其辞。又能钩玄提要，独有心得，考据宏博，而能讲宋明义理之学，以气节自厉，岩峣独出，为山西儒宗。其为举人，负士林重望。光绪八年，张公之洞巡抚山西，创令德堂，教全省士以经史考据词章义理之学，特聘君为院长，以矜式多士。光绪十五年成进士，授刑部主事，累迁郎中。光绪二十三年十二月，授山东道监察御史。二十四年正月，俄人胁割旅顺、大连湾，君始入台，第一疏即极言地球大势，请联英、日以拒俄，词甚切直。时都中人士，皆知君深于旧学，而不知其达时务，至是共惊服之。君与康君广仁交最厚。康君专持废八股为救中国第一事，日夜谋此举。四月初间，君乃先抗疏请更文体，凡试事仍以四书、五经命题，而篇中当纵论时事，不得仍破承八股之式。盖八股之弊积之千年，恐未能一旦遽扫，故以渐而进也。疏上，奉旨交部臣议行。时皇上锐意维新，而守旧大臣盈廷，竞思阻挠，君谓国是不定，则人心不知所响，如泛舟中流而不知所济，乃与徐公致靖先后上疏，请定国是。至四月二十三日，国是之诏遂下，天下志士喁喁向风矣。初请更文体之疏，既交部议，而礼部尚书许应骙，庸谬昏横，辄欲驳斥，又于经济科一事，多为阻挠。时八股尚未废，许自恃为礼部长官，专务遏抑斯举。君于是与御史宋伯鲁合疏劾之，有诏命许应骙自陈，于是旧党始恶君，力与为难矣。御史文悌者，满洲人也。以满人久居内城，知宫中事最悉，颇愤西后之专横，经胶旅后，虑国危，闻君门下有某人者，抚北方豪士千数百人，适同侍祠，竟夕语君宫中隐事，皆西后淫乐之事也，既而曰："君知长麟去官之故乎？长麟以上名虽亲政，实则受制于后，请上独揽大权。"曰："西后于穆宗则为生母，于皇上则为先帝之遗妾耳，天子无以妾母为母者。"其言可谓独得大义矣。君然之。文又曰："吾奉命查宗人府囚，见澍贝勒仅一裤蔽体，上身无衣，时方正月祈寒，拥炉战栗，吾怜之，赏钱十千。西后之刻虐皇孙如此，盖为上示戒，故上见后辄颤。

此与唐武氏何异？”因慷慨诵徐敬业《讨武氏檄》“燕啄王孙”四语，目眦欲裂。君美其忠诚，乃告君曰：“吾少尝慕游侠能喻墙，抚有昆仑奴甚多，若有志士相助，可一举成大业。闻君门下多识豪杰，能觅其人以救国乎？”君壮其言而虑其难。时文数访康先生，一切奏章，皆请先生代草之，甚密。君告先生以文有此意，恐事难成。先生见文则诘之，文色变，虑君之泄漏而败事也，曰腾谤于朝以求自解。犹虑不免，乃露章劾君与彼有不可告人之言。以先生开保国会，为守旧大众所恶，因附会劾之，以媚于众。政变后之伪谕，为康先生谋围颐和园，实自文悌起也。文悌疏既上，皇上非惟不罪宋、杨，且责文之诬罔，令还原衙门行走。于是君益感激天知，誓死以报，连上书请设译书局译日本书，请派亲王贝勒宗室游历各国，遣学生留学日本，皆蒙采纳施行。又请上面试京朝官，日轮二十八人，择通才召见试用，而罢其罢老庸愚不通时务者，于是朝士大怨。然三月以来，台谏之中毗赞新政者，惟君之功为最多。湖南巡抚陈宝箴力行新政，为疆臣之冠，而湖南守旧党与之为难，交章弹劾之，其诬词不可听闻。君独抗疏为剖辨，于是奉旨奖励陈而严责旧党，湖南浮议稍息，陈乃得复行其志。至八月初六日，垂帘之伪命既下，党案已发，京师人人惊悚，志士或捕或匿，奸焰昌披，莫敢撄其锋，君独抗疏诘问皇上被废之故，援引大义，切陈国难，请西后撤帘归政，遂就缚。狱中有诗十数章，怆怀圣君，睠念外患，忠气之诚，溢于言表，论者以为虽前明方正学、杨椒山之烈，不是过也。君持躬廉正，取与之间，虽一介不苟。官御史时家赤贫，衣食或不继，时惟庸诗文以自给，不稍改其初。居京师二十年，恶衣菲食，敝车羸马，坚苦刻厉，高节绝伦，盖有古君子之风焉。子韨田，字米裳，举人，能世其学，通天算格致，厉节笃行，有父风。

论曰：漪村先生可谓义形于色矣。彼逆后贼臣，包藏祸心，蓄志既久，先生岂不知之？垂帘之诏既下，祸变已成，非空言所能补救，先生岂不知之？而乃入虎穴，蹈虎尾，抗疏谔谔，为请撤帘之迂论，斯岂非孔子所谓愚不可及者耶？八月初六之变，天地反常，日月异色，内外大小臣僚以数万计，下心低首，忍气吞声，无一敢怒之而敢言之者，而先生乃从容慷慨，以明大义于天下，宁不知其无益哉？以为凡有血气者，固不可不尔也。呜呼！荆卿虽醢，暴嬴之魄已寒；敬业虽夷，牝朝之数随尽。仁人君子之立言行事，岂计成败乎？岂计成败乎？漪村先生可谓义形于色矣。

杨锐传

杨锐字叔峤，又字钝叔，四川绵竹县人。性笃谨，不妄言邪视，好词章。张公之洞督学四川，君时尚少，为张所拔识，因受业为弟子。张爱其谨密，甚相亲信。光绪十五年，以举人授内阁中书。张出任封疆将二十年，而君供职京僚，张有子在京师，而京师事不托之子而托之君。张于京师消息，一切藉君，有所考察，皆托之于君，书电络绎，盖为张第一亲厚之弟子，而举其经济特科，而君之旅费亦张所供养也。君鲠直，尚名节，最慕汉党锢、明东林之行谊，自乙未和议以后，乃益慷慨谈时务。时南海先生在京师，过从极密。南海与志士倡设强学会，君起而和之，甚力。其年十月，御史杨崇伊承某大臣意旨，劾强学会，遂下诏封禁，会中志士愤激，连署争之。向例，凡连署之书，其名次皆以衙门为先后，君官内阁当首署，而会员中，□君□□[①]亦同官内阁，争首署，君曰："我于本衙门为前辈。"乃先焉。当时会既被禁，京师哗然，谓将兴大狱，君乃奋然率诸人以抗争之，亦可谓不畏强御矣。丁酉冬，胶变起，康先生至京师上书。君乃日与谋，极称之于给事高君燮曾。高君之疏荐康先生，君之力也。今年二月，康先生倡保国会于京师，君与刘君光第皆为会员，又自开蜀学会于四川会馆，集赀巨万，规模仓卒而成，以此益为守旧者所嫉忌。张公之洞累欲荐之，以门人避嫌，乃告湖南巡抚陈公宝箴荐之，召见加四品卿衔，充军机章京，与谭、刘、林同参预新政。拜命之日，皇上亲以黄匣缄一朱谕授四人，命竭力赞襄新政，无得瞻顾，凡有奏折，皆经四卿阅视；凡有上谕，皆经四卿属草。于是军机大臣嫉妒之，势不两立。七月下旬，宫中变态已作，上于二十九日召见君，赐以衣带诏，乃言位将不保，命康先生与四人同设法救护者也。君久居京师，最审朝局，又习闻宫廷之事，知二十年来之国脉，皆断丧于西后之手，愤懑不自禁，义气形于词色，故与御史朱一新、安维峻、学

①□均为原文本来就有的纰漏。

士文廷式交最契。朱者，曾疏劾西后嬖宦李联英，因忤后落职者也；安者，曾疏请西后勿揽政权，因忤后遣戍塞外者也；文者，曾请皇上自收大权，因忤后革职驱逐者也。君习与诸君游，宗旨最合，久有裁抑吕、武之志。至是奉诏与诸同志谋卫上变，遂被逮授命。君博学，长于诗，尝辑注《晋书》，极闳博，于京师诸名士中，称尊宿焉。然谦抑自持，与人言恂恂如不出口，绝无名士轻薄之风，君子重之。

论曰：叔峤之接人发论，循循若处子，至其尚气节，明大义，立身不苟，见危授命，有古君子之风焉。以视平日口谈忠孝，动称义愤，一遇君父朋友之难，则反眼下石者何哉？

林旭传

林君字暾谷，福建侯官县人，南海先生之弟子也。自童龀颖绝秀出，负意气，天才特达，如竹箭标举，干云而上。冠岁乡试冠全省，读其文奥雅奇伟，莫不惊之，长老名宿皆与折节为忘年交，故所友皆一时闻人。其于诗词骈散文皆天授，文如汉、魏人，诗如宋人，波澜老成，瓌奥深穮，流行京师，名动一时。乙未割辽、台，君方应试春官，乃发愤上书，请拒和议，盖意志已倜傥矣。既而官内阁中书，盖闻南海之学，慕之，谒南海，闻所论政教宗旨，大心折，遂受业焉。先是胶警初报，事变綦急，南海先生以为振厉士气，乃保国之基础，欲令各省志士各为学会以相讲求，则声气易通，讲求易熟，于京师先倡粤学会、蜀学会、闽学会、浙学会、陕学会等，而杨君锐实为蜀学会之领袖。君遍谒乡先达鼓之，一日而成，以正月初十日开大会于福建会馆，闽中名士夫皆集，而君实为闽学会之领袖焉。及开保国会，君为会中倡始董事，提倡最力。初，荣禄尝为福州将军，雅好闽人，而君又沈文肃公之孙婿，才名藉甚，故荣颇欲罗致之。五月，荣既至天津，乃招君入幕府。君入都请命于南海，问可就否？南海曰："就之何害，若能责以大义，怵以时变，从容开导其迷谬，暗中消遏其阴谋，亦大善事也。"于是君乃决就荣聘，已而举应经济特科。会少詹王锡蕃荐君于朝，七月召见，上命将奏对之语，再誊出呈览，盖因君操闽语，上不尽解也。君退朝具折奏上，折中称述师说甚详。皇上既知为康某之弟子，因信任之，遂与谭君等同授四品卿衔，入军机参预新政。十日之中，所陈奏甚多，上谕多由君所拟。初二日，皇上赐康先生密谕，令速出京，亦交君传出，盖深信之也。既奉密谕，谭君等距踊椎号。时袁世凯方在京，谋出密诏示之，激其义愤，而君不谓然，作一小诗代简致之谭等曰："伏蒲泣血知何用？慷慨何曾报主恩。愿为公歌千里草，本初健者莫轻言。"盖指东汉何进之事也。及变起，同被捕，十三日斩于市。临刑呼监斩吏问罪名，吏不顾而去，君神色不稍变云。著有《晚翠轩诗集》若干卷，长短句及杂文若干卷。妻沈静仪，沈文肃公葆桢之孙女，得报，痛哭不欲生，将亲入都收遗骸，为家人所劝禁，乃仰药以殉。

论曰：暾谷少余一岁，余以弟畜之。暾谷故长于诗词，喜吟咏，余规之曰："词章乃娱魂调性之具，偶一为之可也。若以为业，则玩物丧志，与声色之累无异。方今世变日亟，以君之才，岂可溺于是。"君则幡然戒诗，尽割舍旧习，从南海治义理经世之学，岂所谓从善如不及邪？荣禄之爱暾谷，罗致暾谷，致敬尽礼，一旦则悍然不问其罪否，骈而戮之，彼豺狼者岂复有爱根邪？翻手为云，覆手为雨，朝杯酒，暮白刃，虽父母兄弟，犹且不顾，他又何怪！

刘光第传

刘君字裴村，四川富顺县人。性端重敦笃，不苟言笑，志节崭然。博学能文诗，善书法。诗在韩、杜之间，书学鲁公，气骨森竦，严整肖其为人。弱冠后成进士，授刑部主事，治事精严。光绪二十年，以亲丧去官，教授乡里，提倡实学，蜀人化之。官京师，闭户读书，不与时流所谓名士通，故人鲜知者。及南海先生开保国会，君翩然来为会员。七月，以陈公宝箴荐，召见，加四品卿衔，充军机章京，参预新政。初，君与谭君尚未识面，至是既同官，又同班[①]，则大相契。谭君以为京师所见高节笃行之士，罕其比也。向例，凡初入军机者，内侍例索赏钱，君持正不与；礼亲王军机首辅，生日祝寿，同僚皆往拜，君不往；军机大臣裕禄擢礼部尚书，同僚皆往贺，君不贺；谓时事艰难，吾辈拜爵于朝，当勄王事，岂有暇奔走媚事权贵哉？其气节严厉如此。七月二十六日，有湖南

①故事军机章京，凡两班轮日入直，时君与谭君同在二班云——作者原注。

守旧党曾廉上书请杀南海先生及余，深文罗织，谓为叛逆。皇上恐西后见之，将有不测之怒，乃将其折交裕禄，命转交谭君按条详驳之。谭君驳语云："臣嗣同以百口保康、梁之忠，若曾廉之言属实，臣嗣同请先坐罪。"君与谭君同在二班，乃并署名曰："臣光第亦请先坐罪。"谭君大敬而惊之。君曰："即微皇上之命，亦当救志士，况有君命耶？仆不让君独为君子也。"于是谭君益大服君。变既作，四卿同被逮下狱，未经讯鞫。故事，提犯自东门出则宥，出西门则死。十三日，使者提君等六人自西门出，同人未知生死，君久于刑部，谙囚狱故事，太息曰："吾属死，正气尽。"闻者莫不挥泪。君既就义，其嗣子赴市曹伏尸痛哭一日夜以死。君家贫，坚苦刻厉，诗文甚富，就义后，未知其稿所在。

论曰：裴村之识余，介□□□先生。□□先生，有道之士也，余以是敬裴村。然裴村之在京师，闭门谢客，故过从希焉。南海先生则未尝通拜答，但于保国会识一面，而于曾廉之事，裴村以死相救。呜呼，真古之人哉！古之人哉！与裴村未稔，故不能详记行谊，虽然，荦荦数端，亦可以见其概矣。

谭嗣同传

谭君字复生，又号壮飞，湖南浏阳县人。少倜傥有大志，淹通群籍，能文章，好任侠，善剑术。父继洵，官湖北巡抚。幼丧母，为父妾所虐，备极孤孽苦，故操心危，虑患深，而德慧术智，日增长焉。弱冠，从军新疆，游巡抚刘公锦棠幕府。刘大奇其才，将荐之于朝，会刘以养亲去官，不果。自是十年，来往于直隶、新疆、甘肃、陕西、河南、湖南、湖北、江苏、安徽、浙江、台湾各省，察视风土，物色豪杰，然终以巡抚君拘谨，不许远游，未能尽其四方之志也。自甲午战事后，益发愤提倡新学，首在浏阳设一学会，集同志讲求磨砺，实为湖南全省新学之起点焉。时南海先生方倡强学会于北京及上海，天下志士，走集应和之。君乃自湖南溯江，下上海，游京师，将以谒先生，而先生适归广东，不获见。余方在京师强学会，任记纂之役，始与君相见，语以南海讲学之宗旨，经世之条理，则感动大喜跃，自称私淑弟子，自是学识更日益进。时和议初定，人人怀国耻，士气稍振起，君则激昂慷慨，大声疾呼，海内有志之士，睹其丰采，闻其言论，知其为非常人矣。以父命就官为候补知府，需次金陵者一年，闭户养心读书，冥探孔、佛之精奥，会通群哲之心法，衍绎南海之宗旨，成《仁学》一书。又时时至上海与同志商量学术，讨论天下事，未尝与俗吏一相接，君常自谓作吏一年，无异入山。时陈公宝箴为湖南巡抚，其子三立辅之，慨然以湖南开化为己任。丁酉六月，黄君遵宪适拜湖南按察使之命，八月，徐君仁铸又来督湘学，湖南绅士□□□□□□□□□□□等蹈厉奋发，提倡桑梓志士渐集于湘楚。陈公父子与前任学政江君标，乃谋大集豪杰于湘南，并力经营，为诸省之倡。于是聘余及□□□□□□□等为学堂教习，召□□□归练兵，而君亦为陈公所敦促，即弃官归，安置眷属于其浏阳之乡，而独留长沙与群志士办新政。于是湖南倡办之事，若内河小轮船也，商办矿务也，湘粤铁路也，时务学堂也，武备学堂也，保卫局也，南学会也，皆君所倡论擘画者，而以南学会最为盛业。设会之意，将合南部诸省志士，联为一气，相与讲爱国之理，求救亡之法，而先从湖南一省办起，盖实兼学会与地方议会之规模焉。地方有事，公议而行，此议会之意也；每七日大集众而讲学，演说万国大势及政学原理，此学会之意也。于时君实为学长，任演说之事，每会集者千数百人，君慷慨论天下事，闻者无不感动，故湖南全省风气大开，君之功居多。今年四月，定国是之诏既下，君以学士徐公致靖荐，被征，适大病不能行，至七月乃扶病人觐，奏对称旨，皇上超擢四品卿衔，军机章京，与杨锐、林旭、刘光第同参预新政，时号为军机四卿。参预新政者，犹唐、宋之参知政事，实宰相之职也。皇上欲大用康先生，而上畏西后，不敢行其志。数月以来，皇上有所询问，则令总理衙门传旨；先生有所陈奏，则著之于所进呈书之中而已。自四卿入军机，然后皇上与康先生之意始能少通，锐意欲行大改革矣，而西后及贼臣忌益甚，未及十日，而变已起。初，君之始入京也，与言皇上无权、西后阻挠之事，君不之信，及七月二十七日，皇上欲开懋勤殿设顾问官，命君拟旨，先遣内侍持历朝圣训授君，传上言谓康熙、乾隆、咸丰三朝，有开懋勤殿故事，令查出引入上谕中，盖将以二十八日亲往颐和园请命西后云。君退朝，乃告同人曰："今而知皇上之真无权矣。"至二十八日，京朝人人咸知懋勤殿之事，以为今日谕旨将下，而卒不下，于是益知西后与帝之不相容矣。二十九日，皇上召见杨锐，遂赐衣带诏，有“朕位几不保，命康与四卿及同志速设法筹救”之诏，君与康先生捧诏恸哭，而皇上手无寸柄，无所为计。时诸将之中，惟袁世凯久使朝鲜，讲中外之故，力主变法，君密奏请皇上结以恩遇，冀缓急或可救助，词极激切。八月初一日，上召见袁世凯，特赏侍郎，初二日复召见，初三日夕，君径造袁所寓之法华寺，直诘袁曰：“君谓皇上如何人也？”袁曰：“旷代之圣主也。”君曰：“天津阅兵之阴谋，君知之乎？”袁曰：“然，固有所闻。”君乃直出密诏示之曰：“今日可以救我圣主者，惟在足下，足下欲救则救之。”又以手自抚其颈曰：“苟不欲救，请至颐和园首仆而杀仆，可以得富贵也。”袁正色厉声曰：“君以袁某为何如人哉？圣主乃吾辈所共事之主，仆与足下，同受非常之遇，救护之责，非独足下，若有所教，仆固愿闻也。”君曰：“荣禄密谋，全在天津阅兵之举，足下及董、聂三军，皆受荣所节制，将挟兵力以行大事。虽然，董、聂不足道也，天下健者，惟有足下。若变起，足下以一军敌彼二军，保护圣主，复大权，清君侧，肃宫廷，指挥若定，不世之业也。”袁曰：“若皇上于阅兵时疾驰入仆营，传号令以诛奸贼，则仆必能从诸君子之后，竭死力以补救。”君曰：“荣禄遇足下素厚，足下何以待之？”袁笑而不言，袁幕府某曰：“荣贼并非推心待慰帅者，昔某公欲增慰帅兵，荣曰：‘汉人未可假大兵权。’盖向来不过笼络耳。即如前年胡景桂参劾慰帅一事，胡乃荣之私人，荣遣其劾帅而己查办，昭雪之以市恩。既而胡即放宁夏知府，旋升宁夏道，此乃荣贼心计险极巧极之处，慰帅岂不知之？”君乃曰：“荣禄固操、莽之才，绝世之雄，待之恐不易易。”袁怒目视曰：“若皇上在仆营，则诛荣禄如杀一狗耳。”因相与言救上之条理甚详，袁曰：“今营中枪弹火药皆在荣贼之手，而营哨各官亦多属旧人，事急矣，既定策，则仆须急归营更选将官，而设法备贮弹药，则可也。”乃丁宁而去。时八月初三夜漏三下矣。至初五日，袁复召见，闻亦奉有密诏云。至初六日，变遂发。时余方访君寓，对坐榻上，有所擘画，而抄捕南海馆[1]之报忽至，旋闻垂帘之谕，君从容语余曰：“昔欲救皇上，既无可救；今欲救先生，亦无可救，吾已无事可办，惟待死

①康先生所居也——作者原注。

期耳！虽然，天下事知其不可而为之，足下试入日本使馆谒伊藤氏，请致电上海领事而救先生焉。”余是夕宿于日本使馆。君竟日不出门以待捕者，捕者既不至，则于其明日入日本使馆与余相见，劝东游，且携所著书及诗文辞稿本数册，家书一箧托焉，曰：“不有行者，无以图将来；不有死者，无以酬圣主。今南海之生死未可卜，程婴、杵臼，月照、西乡，吾与足下分任之。”遂相与一抱而别。初七八九三日，君复与侠士谋救皇上，事卒不成。初十日遂被逮。被逮之前一日，日本志士数辈苦劝君东游，君不听，再四强之，君曰：“各国变法，无不从流血而成，今中国未闻有因变法而流血者，此国之所以不昌也。有之，请自嗣同始。”卒不去，故及于难。君既系狱，题一诗于狱壁曰：“望门投宿思张俭，忍死须臾待杜根。我自横刀向天笑，去留肝胆两昆仑。”盖念南海也。以八月十三日斩于市，春秋三十有三。就义之日，观者万人，君慷慨神气不少变。时军机大臣刚毅监斩，君呼刚前曰：“吾有一言。”刚去不听，乃从容就戮。呜呼，烈矣！君资性绝特，于学无所不窥，而以日新为宗旨，故无所沾滞，善能舍己从人，故其学日进，每十日不相见，则议论学识必有增长。少年曾为考据、笺注、金石刻镂、诗古文辞之学，亦好谈中国古兵法，三十岁以后，悉弃去。究心泰西天文、算术、格致、政治、历史之学，皆有心得。又究心宗教，当君之与余初相见也，极推崇耶氏兼爱之教，而不知有佛，不知有孔子，既而闻南海先生所发明《易》《春秋》之义，穷大同太平之条理，体乾元统天之精意，则大服。又闻华严性海之说，而悟世界无量，现身无量，无人无我，无去无住，无垢无净，舍救人外，更无他事之理。闻相宗识浪之说，而悟众生根器无量，故说法无量，种种差别，与圆性无碍之理，则益大服。自是豁然贯通，能汇万法为一，能衍一法为万，无所罣碍，而任事之勇猛亦益加。作官金陵之一年，日夜冥搜孔、佛之书，金陵有居士杨文会者，博览教乘，熟于佛故，以流通经典为己任。君时时与之游，因得遍窥三藏，所得日益精深。其学术宗旨，大端见于《仁学》一书，又散见于与友人论学书中。所著书《仁学》之外，尚有《寥天一阁文》二卷，《莽苍苍斋诗》二卷，《远遗堂集外文》一卷，《札记》一卷，《兴算学议》一卷，已刻。《思纬吉凶台短书》一卷，《壮飞楼治事》十篇，《秋雨年华馆丛脞书》四卷，

《剑经衍葛》一卷，《印录》一卷，并《仁学》皆藏于余处。又政论数十编，见于《湘报》者，及与师友论学论事书数十篇，余将与君之石交□□□□□□□□□□□等共搜辑之，为谭浏阳遗集若干卷。其《仁学》一书，先择其稍平易者，附印《清议报》中，公诸世焉。君平主一无嗜好，持躬严整，面棱棱有秋肃之气。无子女。妻李闰，为中国女学会倡办董事。

论曰：复生之行谊磊落，轰天撼地，人人共知，是以不论，论其所学：自唐、宋以后，呫毕小儒，徇其一孔之论，以谤佛毁法，固不足道，而震旦末法流行，百数年来，宗门之人，耽乐小乘，堕断常见，龙象之才，罕有闻者，以为佛法者清净而已，寂灭而已。岂知大乘之法，悲智双修，与孔子必仁且智之义，如两爪之相印。惟智也故知，即世间即出世间，无所谓净土，即人即我，无所谓众生，世界之外无净土，众生之外无我，故惟有舍身以救众生。佛说："我不入地狱，谁入地狱？"孔子曰："吾非斯人之徒与而谁与？天下有道，丘不与易。"故即智即仁焉。既思救众生矣，则必有救之之条理，故孔子治《春秋》，为大同小康之制，千条万绪，皆为世界也，为众生也，舍此一大事，无他事也。华严之菩萨行也，所谓誓不成佛也，《春秋》三世之义，救过去之众生，与救现在之众生，救现在之众生，与救将来之众生，其法异而不异；救此土之众生，与救彼土之众生，其法异而不异；救全世界之众生，与救一国之众生，救一人之众生，其法异而不异。此相宗之唯识也。因众生根器各各不同，故说法不同，而实法无不同也。既无净土矣，既无我矣，则无所希恋，无所里碍，无所恐怖，夫净土与我且不爱矣，复何有利害毁誉称讥苦乐之可以动其心乎？故孔子言不忧不惑不惧，佛言大无畏，盖即仁即智即勇焉。通乎此者，则游行自在，可以出生，可以入死，可以仁，可以救众生。

（附）烈宦寇连材传

寇君直隶昌平州人也，敏颖硬直，年十五以奄入宫，事西后为梳头房太监，甚见亲爱，凡西后室内会计皆使掌之。少长见西后所行，大不谓然，屡次几谏，西后以其少而贱，不以为意，惟呵斥之而已，亦不加罪。已而为奏事处太监一年余，复为西后会计房太监。甲午战败后，君日愤懑忧伤，形于词色，时与诸内侍叹息国事，内侍皆笑之以鼻。乙未十月，西后复专政柄，杖二妃，蓄志废立，日逼皇上为蒱博之戏，又赏皇上以鸦片烟具，劝皇上吸食，而别令太监李联英及内务府人员在外廷造谣言，称皇上之失德，以为废立地步。又将大兴土木，修圆明园以纵娱乐。君在内廷大忧之，日夕皱眉凝虑，如醉如痴，诸内侍以为病狂。丙申二月初十日早起，西后方垂帐卧，君则流涕长跪榻前，西后揭帐叱问何故，君哭曰："国危至此，老佛爷[①]即不为祖宗天下计，独不自为计乎？何忍更纵游乐生内变也？"西后以为狂，叱之去，君乃请假五日，归诀其父母兄弟，出其所记宫中事一册授其弱弟，还宫则分所蓄与其小太监。至十五日乃上以折凡十条，一请太后勿扰政权，归政皇上；二请勿修圆明园以幽皇上；其余数条，言者不甚能详之。大率人人不敢开口之言，最奇者末一条言皇上今尚无子嗣，请择天下之贤者立为皇太子，效尧舜之事。其言虽不经，然皆自其心中忠诚所发。盖不顾死生利害而言之者也。书既上，西后震怒，召而责之曰："汝之折汝所自为乎？抑受人指使乎？"君曰："奴才所自为也。"后命背诵其词一遍，后曰："本朝成例，内监有言事者斩。汝知之乎？"君曰："知之，奴才若惧死，则不上折也。"于是命囚之于内务府慎刑司。十七日移交刑部命处斩。临刑神色不变，整衣冠，正襟领，望阙九拜，乃就义。观者如堵，有感泣者，越日遂有驱逐文廷式出都之事。君不甚识字，所上折中之字体多错误讹夺云。同时有王四者亦西后梳头房太监，以附皇上发往军台，又有闻古廷者皇上之内侍，本为贡生，雅好文学，甚忠于上，西后忌之，发往宁古塔，旋杀之。丙申二月，御史杨崇伊劾文廷式疏中谓廷式私通内侍联为兄弟，即此人也。杨盖误以闻为文云。

论曰：陆象山曰："我虽不识一字，亦须还我堂堂地做个人。"其寇黄门之谓乎？京师之大，衿缨之众，儒林文苑之才，斗量车载，及其爱国明大义，乃独让一不识字之黄门，呜呼，可无愧死乎！八月政变以后，皇上之内侍及宫女前后被戮者二十余人，闻有在衣襟中搜出军器者，盖皆忠于皇上，欲设法有所救护也。身微职贱，无由知其名姓。惟据报纸所传闻，有一张进喜者云。呜呼，前者死，后者继，非我皇上盛德感人之深，安能若此乎？呜呼，如诸宦者，亦可以随六君子而千古矣。

①宫内人每称皇帝为佛爷，西后则加称老佛爷——作者原注。

三十自述

“风云入世多，日月掷人急。如何一少年，忽忽已三十。”此余今年正月二十六日在日本东海道汽车中所作《三十初度·口占十首》之一也。人海奔走，年光蹉跎，所志所事，百未一就，揽镜据鞍，能无悲惭？擎一既结集其文，复欲为作小传。余谢之曰：“若某之行谊经历，曾何足有记载之一值。若必不获已者，则人知我，何如我之自知？吾死友谭浏阳曾作《三十自述》，吾毋宁效颦焉。”作《三十自述》。

余乡人也，于赤县神州，有当秦汉之交，屹然独立群雄之表数十年，用其地，与其人，称蛮夷大长，留英雄之名誉于历史上之一省。于其省也，有当宋元之交，我黄帝子孙与北狄异种血战不胜，君臣殉国，自沉崖山，留悲愤之记念于历史上之一县。是即余之故乡也。乡名熊子，距崖山七里强，当西江入南海交汇之冲，其江口列岛七，而熊子宅其中央，余实中国极南之一岛民也。先世自宋末由福州徙南雄，明末由南雄徙新会，定居焉，数百年栖于山谷。族之伯叔兄弟，且耕且读，不问世事，如桃源中人，顾闻父老口碑所述，吾大王父最富于阴德，力耕所获，一粟一帛，辄以分惠诸族党之无告者。王父讳维清，字镜泉，为郡生员，例选广文，不就。王母氏黎。父名宝瑛，字莲涧。夙教授于乡里。母氏赵。

余生同治癸酉正月二十六日，实太平国亡于金陵后十年，清大学士曾国藩卒后一年，普法战争后三年，而意大利建国罗马之岁也。生一月而王母黎卒。逮事王父者十九年。王父及见之孙八人，而爱余尤甚。三岁仲弟启勋生，四五岁就王父及母膝下授四子书、《诗经》，夜则就睡王父榻，日与言古豪杰哲人嘉言懿行，而尤喜举亡宋、亡明国难之事，津津道之。六岁后，就父读，受中国略史，五经卒业。八岁学为文。九岁能缀千言。十二岁应试学院，补博士弟子员，日治帖括，虽心不慊之，然不知天地间于帖括外，更有所谓学也，辄埋头钻研，顾颇喜词章。王父、父母时授以唐人诗，嗜之过于八股。家贫无书可读，惟有《史记》一，《纲鉴易知录》一，王父、父日以课之，故至今《史记》之文，能成诵八九。父执有爱其慧者，赠以《汉书》一，姚氏《古文辞类纂》一，则大喜，读之卒业焉。父慈而严，督课之外，使之劳作，言语举动稍不谨，辄呵斥不少假借，常训之曰："汝自视乃如常儿乎！"至今诵此语不敢忘。十三岁始知有段、王训祜之学，大好之，渐有弃帖括之志。十五岁，母赵恭人见背，以四弟之产难也，余方游学省会，而时无轮舶，奔丧归乡，已不获亲含殓，终天之恨，莫此为甚。时肄业于省会之学海堂，堂为嘉庆间前总督阮元所立，以训诂词章课粤人者也。至是乃决舍帖括以从事于此，不知天地间于训诂词章之外，更有所谓学也。己丑年十七，举于乡，主考为李尚书端棻，王镇江仁堪。年十八计偕入京师，父以其稚也，挚与偕行，李公以其妹许字焉。下第归，道上海，从坊间购得《瀛环志略》读之，始知有五大洲各国，且见上海制造局译出西书若干种，心好之，以无力不能购也。

其年秋，始交陈通甫。通甫时亦肄业学海堂，以高才生闻。既而通甫相语曰："吾闻南海康先生上书请变法，不达，新从京师归，吾往谒焉，其学乃为吾与子所未梦及，吾与子今得师矣。"于是乃因通甫修弟子礼事南海先生。时余以少年科第，且于时流所推重之训诂词章学，颇有所知，辄沾沾自喜。先生乃以大海潮音，作师子吼，取其所挟持之数百年无用旧学更端驳诘，悉举而摧陷廓清之。自辰入见，及戌始退，冷水浇背，当头一棒，一旦尽失其故垒，惘惘然不知所从事，且惊且喜，且怨且艾，且疑且惧，与通甫联床竟夕不能寐。明日再谒，请为学方针，先生乃教以陆王心学，而并及史学、西学之梗概。自是决然舍去旧学，自退出学海堂，而间日请业南海之门。生平知有学自兹始。

辛卯余年十九，南海先生始讲学于广东省城长兴里之万木草堂，徇通甫与余之请也。先生为讲中国数千年来学术源流，历史政治，沿革得失，取万国以比例推断之。余与诸同学日札记其讲义，一生学问之得力，皆在此年。先生又常为语佛学之精粤博大，余夙根浅薄，不能多所受。先生时方著《公理通》《大同学》等书，每与通甫商榷，辨析入微，余辄侍末席，有听受，无问难，盖知其美而不能通其故也。先生著《新学伪经考》，从事校勘；著《孔子改制考》，从事分纂。日课则《宋元明儒学案》、二十四史、《文献通考》等，而草堂颇有藏书，得恣涉猎，学稍进矣。其年始交康幼博。十月，入京师，结婚李氏。明年壬辰，年二十，王父弃养。自是学于草堂者凡三年。

甲午年二十二，客京师，于京国所谓名士者多所往还。六月，日本战事起，惋愤时局，时有所吐露，人微言轻，莫之闻也。顾益读译书，治算学、地理、历史等。明年乙未，和议成，代表广东公车百九十人，上书陈时局。既而南海先生联公车三千人，上书请变法，余亦从其后奔走焉。其年七月，京师强学会开，发起之者，为南海先生，赞之者为郎中陈炽，郎中沈曾植，编修张孝谦，浙江温处道、袁世凯等。余被委为会中书记员。不三月，为言官所劾，会封禁。而余居会所数月，会中于译出西书购置颇备，得以余日尽浏览之，而后益斐然有述作之志。其年始交谭复生、杨叔峤；吴季清、铁樵、子发父子。

京师之开强学会也，上海亦踵起。京师会禁，上海会亦废。而黄公度倡议续其余绪，开一报馆，以书见招。三月去京师，至上海，始交公度。七月《时务报》开，余专任撰述之役，报馆生涯自兹始，著《变法通议》《西学书目表》等书。其冬，公度简出使德国大臣，奏请偕行，会公度使事辍，不果。出使美、日、秘大臣伍廷芳，复奏派为参赞，力辞之。伍固请，许以来年往，既而终辞，专任报事。丁酉四月，直隶总督王文韶，湖广总督张之洞，大理寺卿盛宣怀，连衔奏保，有旨交铁路大臣差遣，余不之知也。既而以札来，粘奏折上谕焉，以不愿被人差遣辞之。张之洞屡招邀，欲致之幕府，固辞。时谭复生宦隐金陵，间月至上海，相过从，连舆接席。复生著《仁学》，每成一篇，辄相商榷，相与治佛学，复生所以砥砺之者良厚。十月，湖南陈中丞宝箴，江督学标，聘主湖南时务学堂讲席，就之。时公度官湖南按察使，复生亦归湘助乡治，湘中同志称极盛。未几，德国割据胶州湾事起，瓜分之忧，震动全国，而湖南始创南学会，将以为地方自治之基础，余颇有所赞画。而时务学堂，于精神教育，亦三致意焉。其年始交刘裴邮、林暾谷、唐绂丞，及时务学堂诸生李虎村、林述唐、田均一、蔡树珊等。

明年戊戌，年二十六。春，大病几死，出就医上海，既痊，乃入京师。南海先生方开保国会，余多所赞画奔走。四月，以徐侍郎致靖之荐，总理衙门再荐，被召见，命办大学堂译书局事务。时朝廷锐意变法，百度更新，南海先生深受主知，言听谏行，复生、暾谷、叔峤、裴邨，以京卿参预新政，余亦从诸君子之后，黾勉尽瘁。八月政变，六君子为国流血，南海以英人仗义出险，余遂乘日本大岛兵舰而东。去国以来，忽忽四年矣。

戊戌九月至日本，十月与横滨商界诸同志谋设《清议报》。自此居日本东京者一年，稍能读东文，思想为之一变。己亥七月，复与滨人共设高等大同学校于东京，以为内地留学生预备科之用，即今之清华学校是也。其年美洲商界同志，始有中国维新会之设，由南海先生所鼓舞也。冬间美洲人招往游，应之。以十一月首途，道出夏威夷岛，其地华商二万余人，相絷留，因暂住焉，创夏威夷维新会。适以治疫故，航路不通，遂居夏威夷半年。至庚子六月，方欲入美，而义和团变已大起，内地消息，风声鹤唳，一日百变。已而屡得内地函电，促归国，遂回马首而西，比及日本，已闻北京失守之报。七月急归沪，方思有所效，抵沪之翌日，而汉口难作，唐、林、李、蔡、黎、傅诸烈，先后就义，公私皆不获有所救。留沪十日，遂去，适香港，既而渡南洋，谒南海，遂道印度，游澳洲，应彼中维新会之招也。居澳半年，由西而东，环洲历一周而还。辛丑四月复至日本。

尔来蛰居东国，忽又岁余矣，所志所事，百不一就。惟日日为文字之奴隶，空言喋喋，无补时艰。平旦自思，只有惭悚。顾自审我之才力，及我今日之地位，舍此更无术可以尽国民责任于万一。兹事虽小，亦安得已。一年以来，颇竭棉薄[①]，欲草一中国通史以助爱国思想之发达，然荏苒日月，至今犹未能成十之二。惟于今春为《新民丛报》，冬间复创刊《新小说》，述其所学所怀抱者，以质于当世达人志士，冀以为中国国民道铎之一助。呜呼！国家多难，岁月如流，眇眇之身，力小任重。吾友韩孔广诗云："舌下无英雄，笔底无奇士。"呜呼，笔舌生涯，已催我中年矣！此后所以报国民之恩者，未知何如？每一念及，未尝不惊心动魄，抑塞而谁语也。

孔子纪元二千四百五十三年壬寅十一月，任公自述。

（附）我之为童子时

我所爱之童子乎，汝若不知我为谁，问汝先生及汝父兄，或能告汝。汝欲听我为童子时之故事乎？我大半忘记，所记一二，请以语汝。

---

①"棉薄"疑为"绵薄"的讹误。

我为童子时，未有学校也。我初识字，则我母教我，直至十岁，皆受学于我祖父、我父。我祖父母及我父母皆钟爱我，并责骂且甚少，何论鞭挞！然我亦尝受鞭三次，至今犹历历可记。汝等愿闻此老受鞭之故乎？

我家之教，几百罪过，皆可饶恕，惟说谎话，斯不饶恕。我六岁时，不记因何事，忽说谎一句，所说云何，亦已忘却，但记不久即为我母发觉，时我父方在省城应试也。晚饭后，我母传我至卧房，严加盘诘，我一入房，已惊骇不知所措。盖我母温良之德，全乡皆知，我有生以来，只见我母终日含笑，今忽见其盛怒之状，几不复认识为吾母矣。我母命我跪下受考问，我若矢口自承其罪，则此鞭或遂逃却，亦未可知。无奈我忽睹母威，仓皇失措，妄思欺饰以霁母怒。汝等试思母已知我犯罪，然后发怒，岂复可欺饰者，当时我以童子无识，出此下策，一何可笑！汝等勿笑，可怜我稚嫩温泽之躯，自出胎以来，未尝经一次苦楚，当时被我母翻伏在膝前，力鞭十数，我母当时教我之言甚多，我亦不必一一为汝等告，但记有数语云："汝若再说谎，汝将来便成窃盗，便成乞丐。"汝等试思，我母之言，得毋太过否？偶然说句谎话，何至便成窃盗，便成乞丐？我母旋又教我曰："凡人何故说谎？或者有不应为之事，而我为之，畏人之责其不应为而为也，则谎言吾未尝为，或者有必应为之事，而我不为，畏人之责其应为而不为也，则谎言吾已为之。夫不应为而为，应为而不为，已成罪过矣。若己不知其为罪过，犹可言也。他日或自能知之，或他人告之，则改焉而不复如此矣。今说谎者，则明知其为罪过而故犯之也。不惟故犯，且自欺欺人，而自以为得计也，人若明知罪过而故犯，且欺人而以为得计，则与窃盗之性质何异？天下万恶，皆起于是矣。然欺人终必为人所知，将来人人皆指而目之曰：此好说谎话之人也，则无人信之，既无人信，则不至成为乞丐焉而不止也。"我母此段教训，我至今常记在心，谓为千古名言。汝等试思此为名言否耶？最可怜者，我伯姊陪我长跪半宵，犹复独哭一夜，伯姊何为哭？惧我父知之，我所受鞭扑更甚于今夕也。虽然，我伯姊之惧徒惧矣，我母爱我甚，且察我已能受教，遂未尝为我父言也。呜呼，吾母弃养将三十年矣，吾姊即世亦且十年，吾述此事，吾涕沾纸矣！汝等有母之人，须知天下爱我者，无过于母，而母之教训，实不易多得，长大而思母训，恐母不我待矣。

成败

凡任天下大事者，不可不先破成败之见。然欲破此见，大非易事。必知天下之事，无所谓成，无所谓败，参透此理而笃信之，则庶几矣。何言乎无所谓成？天下进化之理，无有穷也，进一级更有一级，透一层更有一层，今之所谓文明大业者，自他日观之，或笑为野蛮，不值一钱矣。然则所谓成者果何在乎？使吾之业能成于一国，而全世界应办之事复无限，其不成者正多矣；使吾之业能成于一时，而将来世界应办之事复无限，其不成者正多矣。况即以一时一国论之，欲求所谓美满、圆好、毫无缺憾者，终不可得，其有缺憾者，即其不成者也。盖世界之进化无穷，故事业亦因之无穷，而人生之年命境遇、聪明才力则有穷。以有穷者入于无穷者，而欲云有成，万无是处。何言乎无所谓败？天下之理，不外因果。不造因则断不能结果，既造因则无有不结果，而其结果之迟速远近，则因其内力与外境而生种种差别。浅见之徒．偶然未见其结果，因谓之为败云尔，不知败于此者或成于彼，败于今者或成于后，败于我者或成于人。尽一分之心力，必有一分之补益，故惟日孜孜，但以造因为事，则他日结果之收成，必有不可量者。若怵于目前，以为败矣败矣，而不复办事，则遂无成之一日而已。故办事者，立于不败之地者也；不办事者，立于全败之地者也。苟通乎此二理，知无所谓成，则无希冀心；知无所谓败，则无恐怖心。无希冀心，无恐怖心，然后尽吾职分之所当为，行吾良知所不能自已，奋其身以入于世界中，磊磊落落，独往独来，大丈夫之志也，大丈夫之行也！

日本维新之首功，西乡乎？木户乎？大久保乎？曰，唯唯否否。伊藤乎？大隈乎？井上乎？后藤乎？板垣乎？曰，唯唯否否。诸子皆以成为成者也。若以败为成者，则吉田松阴其人是也。吉田诸先辈造其因，而明治诸元勋收其果。无因则无果，故吉田辈当为功首也。考松阴生平欲办之事，无一成者，初欲投西舰逃海外求学而不成，既欲纠志士入京都勤王而不成，既欲遣同志阻长藩东上而不成，事事为当道所抑压，卒坐吏议就戮，时年不过三十，其败也可谓至矣。然松阴死后，举国志士，风起水涌，卒倾幕府，成维新，长门藩士最有力焉，皆松阴之门人也。吾所谓败于今而成于后，败于己而成于人，正谓是也。丈夫以身任天下事，为天下耳，非为身也，但有益于天下，成之何必自我？必求自我成之，则是为身也，非为天下也。

吉田松阴曰："今之号称正义人，观望持重者，比比皆是，是为最大下策；何如轻快捷速，打破局面，然后徐图占地布石之为胜乎？"又曰："士不志道则已，苟志道矣，而畏祸惧罪，有所不尽于言，取容当世，贻误将来，岂君子学者之所为哉？"又曰："今日事机之会，朝去夕来，使有志之士，随变喜怒于其间，何能有为？"又曰："当今天下之事，有眼者皆见而知之，吾党为任甚重，立志宜大，不可区区而自足。"又曰："生死离合，人事倏忽，但不夺者志，不灭者业，天地间可恃者独是而已。死生原是开阖眼，祸福正如反覆手。呜呼！大丈夫之所重，在彼不在此也。"又曰："今世俗有一说曰，时尚未至，轻动取败，何如浮沉流俗，免人怪怒，乘时一起，攫取功名耶？当今所谓有志之士，皆抱持此说。抱持此说者，岂未思今上皇帝之宸忧乎？宸忧如彼，犹抱持此说，非士之有志者也。"以上各条，吾愿以书诸绅，亦愿我同志以书诸绅。

读松阴之集，然后知日本有今日之维新者，盖非偶然矣。老子曰："不为天下先。"盖为天下先者，未有不败者也。然天下人人皆畏败而惮先，天下遂以腐坏不可收拾。吉田松阴之流，先天下以自取败者也。天下之事，往往有数百年梦想不及者，忽焉一人倡之，数人和之，不数年而遍于天下焉。苟无此倡之之一人，则或沉埋隐伏更历数十年、数百年而不出现，石沉大海，云散太虚而已。然后叹老氏之学之毒天下，未有艾也。

英雄与时势

或云英雄造时势，或云时势造英雄，此二语皆名言也。为前之说者曰："英雄者，人间世之造物主也。人间世之大事业，皆英雄心中所蕴蓄而发现者，虽谓世界之历史，即英雄之传记，殆无不可也。故有路得，然后有新教；有哥伦布，然后有新洲；有华盛顿，然后有美国独立；有俾士麦，然后有德国联邦。为后之说者曰：英雄者，乘时者也，非能造时者也。人群之所渐渍、积累、旁薄、蕴蓄，既已持满而将发，于斯时也，自能孕育英雄，以承其乏。故英雄虽有利益及于人群，要不过以其所受于人群之利益而还付之耳。故使路得非生于十六世纪，而生于第十世纪，或不能成改革宗教之功；使十六世纪即无路得，亦必有他人起而改革之者。其他之实例亦然，虽无歌白尼，地动之说终必行于世；虽无哥伦布，美洲新世界终必出现。余谓两说皆是也。英雄固能造时势，时势亦能造英雄，英雄与时势，二者如形影之相随，未尝少离。既有英雄，必有时势；既有时势，必有英雄。呜呼，今日禹域之厄运，亦已极矣！地球之杀气，亦已深矣！孟子不云乎："以其数则过矣，以其时考之则可矣。"斯乃举天下翘首企足喁喁焉望英雄之时也。二三豪俊为时出，整顿乾坤济时了。我同志，我少年，其可自菲薄乎？

意大利当罗马久亡，教皇猖披，奥国干涉，岌岌不可终日之时，而始有嘉富尔；普鲁士当日耳曼列国散漫积弱，见制法人，国体全失之时，而始有俾士麦；美利坚当受英压制，民不聊生之时，而始有华盛顿。然则，人特患不英不雄耳，果为英雄，则时势之艰难危险何有焉？暴雷烈风，群鸟戢翼恐惧，而蛟龙乘之飞行绝迹焉；惊涛骇浪，鲦鱼失所错愕，而鲸鲲御之一徙千里焉。故英雄之能事，以用时势为起点，以造时势为究竟。英雄与时势，互相为因，互相为果，造因不断，斯结果不断。

养心语录

人之生也，与忧患俱来，苟不尔，则从古圣哲，可以不出世矣。种

①西人以耶稣纪年一百年为一世纪——作者原注。

种烦脑[1]，皆为我练心之助；种种危险，皆为我练胆之助；随处皆我之学校也。我正患无就学之地，而时时有此天造地设之学堂以饷之，不亦幸乎！我辈遇烦恼遇危险时，作如是观，未有不洒然自得者。

凡办事必有阻力。其事小者，其阻力亦小；其事愈大，其阻力亦愈大。阻力者乃由天然，非由人事也。故我辈惟当察阻力之来而排之，不可畏阻力之来而避之。譬之江河，千里入海，曲折奔赴，遇有沙石则挟之而下，遇有山陵则绕越而行，要之必以至海为究竟。办事遇阻力者，当作如是观，至诚所感，金石为开，何阻力之有焉！苟畏而避之，则终无一事可办而已，何也？天下固无无阻力之事也。

①“烦脑”疑为“烦恼”的讹误。

国权与民权

今天下第一等议论，岂不曰国民乎哉？言民事者，莫不嗔目切齿怒发曰：彼历代之民贼，束缚驰骤，磨牙吮血，以侵我民自由之权，是可忍孰不可忍！言国事者，莫不嗔目切齿怒发曰：彼欧美之虎狼国，眈眈逐逐，鲸吞蚕食，以侵我国自由之权，是可忍孰不可忍！饮冰子曰：其无尔，苟我民不放弃其自由权，民贼孰得而侵之？苟我国不放弃其自由权，则虎狼国孰得而侵之？以人之能侵我，而知我国民自放自弃之罪不可逭矣，曾不自罪而犹罪人耶？昔法兰西之民，自放弃其自由，于是国王侵之，贵族侵之，教徒侵之，当十八世纪之末，黯惨不复睹天日。法人一旦自悟其罪，自悔其罪，大革命起，而法民之自由权完全无缺以至今日，谁复能侵之者？昔日本之国，自放弃其自由权，于是白种人于交涉侵之，于利权侵之，于声音笑貌一一侵之，当庆应、明治之间，局天踏地于世界中。日人一旦自悟其罪，自悔其罪，维新革命起，而日本国之自由权完全无缺以至今日，谁复能侵之者？然则民之无权，国之无权，其罪皆在国民之放弃耳，于民贼乎何尤？于虎狼乎何尤？今之怨民贼而怒虎狼者，盍亦一旦自悟自悔而自扩张其固有之权，不授人以可侵之隙乎？不然，日日嗔目切齿怒发胡为者？

破坏主义

日本明治之初，政府新易，国论纷糅。伊藤博文、大隈重信、井上馨等共主破坏主义，又名突飞主义，务摧倒数千年之旧物，行急激之手段。当时诸人皆居于东京之筑地，一时目筑地为梁山泊云。饮冰子曰：甚矣破坏主义之不可以已也！譬之筑室于瓦砾之地，将欲命匠，必先荷锸；譬之进药于痞痼之夫，将欲施补，必先重泻。非经大刀阔斧，则输倕无所效其能；非经大黄芒硝，则参苓适足速其死。历观近世各国之兴，未有不先以破坏时代者。此一定之阶级，无可逃避者也。有所顾恋，有所爱惜，终不能成。

破坏主义何以可贵！曰：凡人之情，莫不恋旧，而此恋旧之性质，实阻阏进步之一大根原也。当进步之动力既发动之时，则此性质不能遏之，虽稍参用，足以调和而不致暴乱，盖亦未尝无小补焉。至其未发动之时，则此性质者，可以堵其原，阏其机，而使之经数十年、数百年不能进一步，盖其可畏可恨至于如此也。快刀断乱麻，一拳碎黄鹤，使百千万亿蠕蠕恋旧之徒，瞠目结舌，一旦尽丧其根据之地，虽欲恋而无可恋，然后驱之以上进步之途，与天下万国驰骤于大剧场，其庶乎其可也。

欧洲近世医国之国手，不下数十家。吾视其方最适于今日之中国者，其惟卢梭先生之《民约论》乎！是方也，当前世纪及今世纪之上半，施之于欧洲全洲而效；当明治六七年至十五六年之间，施之于日本而效。今先生于欧洲与日本既已功成而身退矣，精灵未沫，吾道其东，大旗觥觥，大鼓冬冬，大潮汹汹，大风蓬蓬，卷土挟浪，飞沙走石，杂以闪电，趋以万马，尚其来东。呜呼！《民约论》，尚其来东。东方大陆，文明之母，神灵之宫。惟今世纪，地球万国，国国自主，人人独立，尚余此一土以殿诸邦。此土一通，时乃大同。呜呼，《民约论》兮，尚其来东！大同大同兮，时汝之功！

善变之豪杰

吉田松阴，初时主公武合体之论[①]，其后乃专主尊王讨幕[②]，非首鼠两端也。其心为一国之独立起见，苟无伤于平和，而可以保独立，则无宁勿伤也。既而深察其腐败之已极，虽欲已而无可已，乃决然冲破其罗网，摧坏其基础，以更造之。其方法虽变，然其所以爱国者未尝变也。加布儿[③]，初时入秘密党，倡革命下狱，其后佐撒的尼亚王为大宰相，卒成大功，统一意国，非反复变节也。其心为一国之独立起见，既主权者无可与语，不得不投身激湍以图之；既而见撒王之可以为善，而乘时借势，可以行其所志，为同胞造无量之福，故不惜改弦以应之。其方法虽变，然其所以爱国者未尝变也。《语》曰："君子之过也，如日月之食焉，人皆见之；及其更也，人皆仰之。"大丈夫行事磊磊落落，行吾心之所志，必求至而后已焉。若夫其方法随时与境而变，又随吾脑识之发达而变。百变不离其宗，但有所宗，斯变而非变矣。此乃所以磊磊落落也。

①公者王室也，武者武门也，即指大将军也，当时日本通行语——作者原注。
②幕府者大将军也——作者原注。
③意大利之伟人，近人所译《泰西新史揽要》称为嘉富洱者——作者原注。

豪杰之公脑

世界者何？豪杰而已矣，舍豪杰则无有世界。一国虽大，其同时并生之豪杰，不过数十人乃至数百人止矣，其余四万万人，皆随此数十人若数百人之风潮而转移奔走趋附者也。此数十人若数百人，能合为一点，则其力非常之大，莫之与敌也；若分为数点，则因其各点所占数之多寡以为成败比例差。两虎相斗，必有一毙。夫一毙何足惜？而此并时而生者，只有此数十、数百人，而毙其半焉，或毙其三之一焉，则此世界之元气既已斫丧不知几许，而世界之幸福所灭既已多矣。然则求免其斗可乎？曰：是必不能。盖生存竞争，天下万物之公理也；既竞争则优者必胜，劣者必败，此又有生以来不可避之公例也。夫既曰豪杰矣，则必各有其特质，各有其专长，各有其独立自由、不肯依傍门户之气概，夫孰肯舍己以从人者？若是夫此数十、数百之豪杰，其终无合一之时乎？其终始相斗以共毙矣乎？信如是也，此世界之孽罪未尽劫，而黑暗之运未知所终极也。吾每一念及此，未尝不呕血拊心而长欷也。

合豪杰终有道乎？曰有。豪杰者，服公理者也，达时势者也。苟不服公理，不达时势，则必不能厕身于此数十人、数百人之列，有之不足多，无之不为少也。既服公理矣，达时势矣，则公理与时势即为联合诸群之媒，虽有万马背驰之力，可以铁锁链之，使结不解也。是故善谋国者，必求得一目的，适合于公理与其时势，沁之于豪杰人人之脑膜中，而皆有养养然不能自已者存，夫然后全国之豪杰可以归于一点，而事乃有成。法国人之言自由平等也，意大利人之言统一独立也，日本人之言尊王攘夷也，一国之豪杰，其流品不一，其性情不一，其遭际不一，然皆风起水涌，云合雾集，不谋而自同，不招而自来，以立于成此一目的之旗下，若是者谓之豪杰之公脑。豪杰有公脑，则数十、数百人如一人。且豪杰之公脑，即国民之公脑也。国民有公脑，则千百亿万人如一人；千百亿万人如一人，天下事未有不济者也。

答容难

客难任公曰：子非祖述春秋无义战，墨子非攻之学者乎？今之言何其不类也。任公曰：有世界主义，有国家主义，无义战、非攻者，世界主义也；尚武敌忾者，国家主义也。世界主义，属于理想，国家主义，属于事实；世界主义，属于将来，国家主义，属于现在。今中国岌岌不可终日，非我辈谈将来、道理想之时矣。故坐吾前此以清谈误国之罪，所不敢辞也；谓吾今日思想退步，亦不敢辞也。谨谢客。

抑吾中国人之国家主义，则虽谓之世界主义可也，何也？今日世界之事，无有大于中国之强弱兴亡者，天下万国大政治家所来往于胸中之第一大问题，即支那问题是也。故支那问题，即不啻世界问题；支那人言国家主义，即不啻言世界主义。然则吾今日之思想决非退步也。谨谢客。

不宁惟是，吾之所言兵，与荣禄、张之洞所言兵，有大异之点。彼所言者，民贼之兵也；吾所言者，国民之兵也。民贼之兵足以亡国，国民之兵足以兴国。吾特谓兴国之兵之不可以已云尔，若夫亡国之兵，则吾之恶之如故也，与吾前数年所论实无矛盾。谨谢客。

忧国与爱国

有忧国者，有爱国者。爱国者语忧国者曰：汝曷为好言国民之所短？曰：吾惟忧之之故。忧国者语爱国者曰：汝曷为好言国民之所长？曰：吾惟爱之之故。忧国之言，使人作愤激之气，爱国之言，使人厉进取之心，此其所长也；忧国之言，使人堕颓放之志，爱国之言，使人生保守之思，此其所短也。朱子曰："教学者如扶醉人，扶得东来西又倒。"用之不得其当，虽善言亦足以误天下。为报馆主笔者，于此中消息，不可不留意焉。

今天下之可忧者，莫中国若；天下之可爱者，亦莫中国若。吾愈益忧之，则愈益爱之；愈益爱之，则愈益忧之。既欲哭之，又欲歌之。吾哭矣，谁欤踊者？吾歌矣，谁欤和者？

日本青年有问任公者曰：支那人皆视欧人如蛇蝎，虽有识之士亦不免，虽公亦不免，何也？任公曰：视欧人如蛇蝎者，惟昔为然耳。今则反是，视欧人如神明，崇之拜之，献媚之，乞怜之，若是者，比比皆然，而号称有识之士者益甚。昔惟人人以为蛇蝎，吾故不敢不言其可爱；今惟人人以为神明，吾故不敢不言其可嫉。若语其实，则欧人非神明、非蛇蝎，亦神明、亦蛇蝎，即神明、即蛇蝎。虽然，此不过就客观的言之耳。若自主观的言之，则我中国苟能自立也，神明将奈何？蛇蝎又将奈何？苟不能自立也，非神明将奈何？非蛇蝎又将奈何？

傀儡说

优孟之场，有所谓傀儡者焉。其奏伎也，设帷以蔽场，帷之上有似人形者，官体毕肖，衣服毕备。有人居帷下，傞傞焉持而舞之，啁哳焉为之歌，此剧场中最劣下而最暧昧者也。人而傀儡，时曰不人；国而傀儡，时曰不国。哀时客曰：呜呼，夫何使我国至于此极也！八月六日以后，圣主幽废，国既无君，然录京钞则仍日恭奉上谕，上奏折则仍日皇上圣鉴。我皇上口之所言，不能如其心，身之所行，不能以自主，然而引见召见，朝仪依然，如丝如纶，王言仍旧，是西后以皇上为傀儡也。西后不过一妇人，所耽者娱乐耳，非必篡位幽主然后快于心也。荣禄蓄异志，觊非常，惮于动天下之兵，乃借后势以箝人口。其实所颁伪诏，未必皆西后之言，所行暴政，未必尽西后之意，荣禄自积操、莽之威，而西后代任牛马之劳，是荣禄以西后为傀儡也。俄人以甘言噢咻旧党，嗾之使糜烂其民，助之使斫丧其国。彼等有恃无恐，顽固之气益壮，革新之机益绝，迨于鱼烂已极，而俄人坐收渔人之利。自寻斧柯，为人驱除，是俄人以中国政府为傀儡也。呜呼，国之不振，谁不得而侮之！今之以我为傀儡者，岂独一国而已？全国关税，握于人手，关道关督，一傀儡也；全国铁路，握于人手，铁路大臣、铁路公司，一傀儡也；全国矿务，握于人手，矿务大臣，一傀儡也；沿江厘金，握于人手，委员一傀儡也；洋操训练，握于人手，将弁一傀儡也；无端而胶州割，无端而旅大割，无端而威海、广湾割，无端而海门湾又将割，土地之权，一傀儡也；一言而刘秉璋免，一言而李秉衡黜，一言而董福祥退，用人之权，一傀儡也。嗟夫！今之灭国者与古异。古者灭人国，则潴其宫，虏其君。今也不然，傀儡其君，傀儡其吏，傀儡其民，傀儡其国。英人之灭印度，土酋世其职者尚百数十年，傀儡其土酋也；六国之胁突厥，突厥之政府不废，傀儡其政府也。埃及傀儡于英，越南傀儡于法，高丽傀儡于俄。中国者，傀儡之颀而硕者也，一人之力不足以举之，则相率而共傀儡之。此蚩蚩者犹曰：我国尚存，我国尚存。而岂知彼眈眈者，已落其实而取其材，吸其精而盬其脑，官体虽具，衣冠虽备，岂得目之曰人也哉？嗟呼！必自傀儡，然后人傀儡之。中国之傀儡固已久矣，及今不思自救，犹复傀儡其君，傀儡其民，竭忠尽谋，为他人效死力，于是我二万方里之地，竟将为一大傀儡场矣。夫目人以傀儡，未有不色然怒者；今坐视君父之傀儡于奸贼，国土之傀儡于强邻，还顾我躬，亦已成一似人形而馐馐于帷间者。此之不羞，此之不愤，尚得为有人心哉？尚得为有人心哉？

惟心

境者心造也。一切物境皆虚幻，惟心所造之境为真实。同一月夜也，琼筵羽觞，清歌妙舞，绣帘半开，素手相携，则有余乐；劳人思妇，对影独坐，促织鸣壁，枫叶绕船，则有余悲。同一风雨也，三两知己，围炉茅屋，谈今道故，饮酒击剑，则有余兴：独客远行，马头郎当，峭寒侵肌，流潦妨毂，则有余闷。“月上柳梢头，人约黄昏后”与“杜宇声声不忍闻，欲黄昏，雨打梨花深闭门”，同一黄昏也，而一为欢憨，一为愁惨，其境绝异。“桃花流水杳然去，别有天地非人间”与“人面不知何处去，桃花依旧笑春风”，同一桃花也，而一为清净，一为爱恋，其境绝异。“舳舻千里，旌旗蔽空，酾酒临江，横槊赋诗”与“浔阳江头夜送客，枫叶荻花秋瑟瑟。主人下马客在船，举酒欲饮无管弦”，同一江也，同一舟也，同一酒也，而一为雄壮，一为冷落，其境绝异。然则天下岂有物境哉？但有心境而已！戴绿眼镜者，所见物一切皆绿；戴黄眼镜者，所见物一切皆黄；口含黄连者，所食物一切皆苦；口含蜜饴者，所食物一切皆甜。一切物果绿耶？果黄耶？果苦耶？果甜耶？一切物非绿、非黄、非苦、非甜，一切物亦绿、亦黄、亦苦、亦甜，一切物即绿、即黄、即苦、即甜。然则绿也、黄也、苦也、甜也，其分别不在物而在我，故曰三界惟心。

有二僧因风飏刹幡，相与对论。一僧曰：风动，一僧曰：幡动，往复辨难无所决。六祖大师曰：非风动，非幡动，仁者心自动。任公曰：三界惟心之真理，此一语道破矣。天地间之物一而万、万而一者也。山自山，川自川，春自春，秋自秋，风自风，月自月，花自花，鸟自鸟，万古不变，无地不同。然有百人于此，同受此山、此川、此春、此秋、此风、此月、此花、此鸟之感触，而其心境所现者百焉；千人同受此感触，而其心境所现者千焉；亿万人乃至无量数人同受此感触，而其心境所现者亿万焉，乃至无量数焉。然则欲言物境之果为何状，将谁氏之从乎？仁者见之谓之仁，智者见之谓之智，忧者见之谓之忧，乐者见之谓之乐，吾之所见者，即吾所受之境之真实相也。故曰：惟心所造之境为真实。

然则欲讲养心之学者，可以知所从事矣。三家村学究，得一第，则惊喜失度，自世胄子弟视之何有焉？乞儿获百金于路，则挟持以骄人，自富豪家视之何有焉？飞弹掠面而过，常人变色，自百战老将视之何有焉？“一箪食，一瓢饮，在陋巷，人不堪其忧”，自有道之士视之何有焉？天下之境，无一非可乐、可忧、可惊、可喜者，实无一可乐、可忧、可惊、可喜者。乐之、忧之、惊之、喜之，全在人心，所谓“天下本无事，庸人自扰之”，境则一也。而我忽然而乐，忽然而忧，无端而惊，无端而喜，果胡为者？如蝇见纸窗而竞钻，如猫捕树影而跳掷，如犬闻风声而狂吠，扰扰焉送一生于惊喜忧乐之中，果胡为者？若是者，谓之知有物而不知有我；知有物而不知有我，谓之我为物役，亦名曰心中之奴隶。

是以豪杰之士，无大惊，无大喜，无大苦，无大乐，无大忧，无大惧。其所以能如此者，岂有他术哉？亦明三界唯心之真理而已，除心中之奴隶而已。苟知此义，则人人皆可以为豪杰。

慧观

同一书也，考据家读之，所触者无一非考据之材料；词章家读之，所触者无一非词章之材料；好作灯谜酒令之人读之，所触者无一非灯谜酒令之材料；经世家读之，所触者无一非经世之材料。同一社会也[①]，商贾家入之，所遇者无一非锱铢什一之人；江湖名士入之，所遇者无一非咬文嚼字之人；求宦达者入之，所遇者无一非谄上凌下、衣冠优孟之人；怀不平者入之，所遇者无一非陇畔辍耕、东门倚啸之人。各自占一世界，而各自谓世界之大，已尽于是，此外千形万态，非所见也，非所闻也。昔有自昼攫金于齐市者，吏捕而诘之曰："众目共视之地，汝攫金不畏人耶？"其人曰："吾彼时只见有金，不见有人。"夫一市之人之多，非若秋毫之末之难察也，而攫金者不知之，此其故何哉？昔有佣一蠢仆执爨役者，使购求食物于市，归而曰："市中无食物。"主人曰："嘻，鱼也，豕肉也，芥也，姜也，何一不可食者？"于是仆适市，购辄得之。既而亘一月，朝朝夕夕所食者，皆鱼也，豕肉也，芥也，姜也。主人曰："嘻，盍易他味？"仆曰："市中除鱼与豕肉与芥与姜之外，无有他物。"夫一市之物之多，非若水中微虫，必待显微镜然后能睹者，而蠢仆不知之，此其故何哉？

任公曰：吾观世人所谓智者，其所见与彼之攫金人与此之蠢仆，相去几何矣？李白、杜甫满地，而衣袯襫、携锄犁者，必不知之；计然、范蠡满地，而摩禹行、效舜趋者，必不知之；陈涉、吴广满地，而飨五鼎、鸣八驺者必不知之。其不知也，则直谓世界中无有此等人也，虽日日以此等人环集于其旁，而彼之视为无有固自若也。不此之笑，而惟笑彼之攫金者与此之蠢仆，何其蔽欤？

人谁不见萍果[②]之坠地，而因以悟重力之原理者，惟有一奈端；人谁不见沸水之腾气，而因以悟汽机之作用者，惟有一瓦特；人谁不见海藻之漂岸，而因以觅得新大陆者，惟有一哥伦布；人谁不见男女之恋爱，

---

①即人群——作者原注。
②"萍果"疑为"苹果"的讹误。

而因以看取人情之大动机者，惟有一瑟士丕亚。无名之野花，田夫刈之，牧童蹈之，而窝儿哲窝士于此中见造化之微妙焉；海滩之僵石，渔者所淀余，潮雨所狼藉，而达尔文于此中悟进化之大理焉。故学莫要于善观。善观者，观滴水而知大海，观一指而知全身，不以其所已知蔽其所未知，而常以其所已知推其所未知，是之谓慧观。

舆论之母与舆论之仆

凡欲为国民有所尽力者，苟反抗于舆论，必不足以成事。虽然，舆论之所在，未必为公益之所在。舆论者，寻常人所见及者也；而世界贵有豪杰，贵其能见寻常人所不及见，行寻常人所不敢行也。然则豪杰与舆论常不相容，若是，豪杰不其殆乎？然古今尔许之豪杰，能灿然留功名于历史上者踵相接，则何以故？

赫胥黎尝论格兰斯顿曰："格公诚欧洲最大智力之人，虽然，公不过从国民多数之意见，利用舆论以展其智力而已。"约翰·摩礼[①]驳之曰："不然。格公者，非舆论之仆，而舆论之母也。格公常言：大政治家不可不洞察时势之真相，唤起应时之舆论而指导之，以实行我政策。此实格公一生立功成业之不二法门也，盖格公每欲建一策行一事，必先造舆论，其事事假借舆论之力，固不诬也。但其所假之舆论，即其所创造者而已。"

饮冰子曰：谓格公为舆论之母也可，谓格公为舆论之仆也亦可。彼其造舆论也，非有所私利也，为国民而已。苟非以此心为鹄，则舆论必不能造成。彼母之所以能母其子者，以其有母之真爱存也。母之真爱其子也，恒愿以身为子之仆。惟其尽为仆之义务，故能享为母之利权。二者相应，不容假借，豪杰之成功，岂有侥幸耶？

古来之豪杰有二种：其一，以己身为牺牲，以图人民之利益者；其二，以人民为刍狗，以遂一己之功名者。虽然，乙种之豪杰，非豪杰而民贼也。二十世纪以后，此种虎皮蒙马之豪杰，行将绝迹于天壤。故世界愈文明，则豪杰与舆论愈不能相离。然则欲为豪杰者如之何？曰：其始也，当为舆论之敌；其继也，当为舆论之母；其终也，当为舆论之仆。敌舆论者，破坏时代之事业也；母舆论者，过渡时代之事业也；仆舆论者，成立时代之事业也。非大勇不能为敌，非大智不能为母，非大仁不能为仆，具此三德，斯为完人。

①英国自由党名士，格公生平第一亲交也——作者原注。

文明与英雄之比例

世界果借英雄而始成立乎？信也。吾读数千年中外之历史，不过以百数十英雄之传记磅礴充塞之，使除出此百数十之英雄，则历史殆黯然无色也。虽然，使其信也，则当十九世纪之末叶，旧英雄已去，新英雄未来，其毋乃二十世纪之文明，将随十九世纪之英雄以坠于地？此中消息，有智慧者欲一参之。

试观英国，格兰斯顿去矣，自由党名士中，可以继起代兴者谁乎？康拔乎？班拿曼乎？罗士勃雷乎？殆非能也。试观德国，俾士麦去矣，能步其武者，今宰相秘罗乎？抑阿肯罗乎？抑亚那特乎？殆非能也。试观俄国，峨查假去矣，能与比肩者，谟拉比埃乎？谟拉士德乎？殆非能也。然则今日欧洲之政界，殆冷清清地，求如数十年前之大英雄者，渺不可睹，而各国之外交愈敏活，兵制愈整结，财政愈充溢，国势愈进步，则何以故？

吾敢下一转语曰：英雄者，不祥之物也。人群未开化之时代则有之，文明愈开，则英雄将绝迹于天壤。故愈在上古，则英雄愈不世出，而愈见重于时。上古之人之视英雄，如天如神，崇之拜之，以为终非人类之所能及[①]。若此者，谓之英雄专制时代，即世界者，英雄所专有物而已。降及近世，此风稍熄。英雄固亦犹人，人能知之，虽然，常秀出于万人之上，凤毛麟角，为世界珍。夫其所以见珍者，亦岂有侥幸耶？万人愚而一人智，万人不肖而一人贤，夫安得不珍之？后世读史者，啧啧于一英雄之丰功伟烈，殊才奇识，而不知其沉埋于蚩蚩蠕蠕、浑浊黑暗之世界者，不知几何人也。

二十世纪以后将无英雄。何以故？人人皆英雄故！英雄云者，常人所以奉于非常人之徽号也。畴昔所谓非常者，今则常人皆能之，于是乎彼此皆英雄，彼此互消，而英雄之名词，遂可以不出现。夫今之常人，所以能为昔之非常人；而昔之非常人，只能为今之常人者，何也？其一，由于教育之普及。昔者教法不整，其所教者不足以尽高才人脑筋

①中国此风亦不少，如关羽、岳飞之类皆是——作者原注。

之用，故往往逸去，奔轶绝尘；今则诸学大备，智慧日平等，平等之英雄多，而独秀之英雄自少。其二，由于分业之精繁。昔者一人而兼任数事，兼治数学，中才之人，力有不及，不得不让能者以独步焉；今则无论艺术，无论学问，无论政治，皆分劳赴功，其分之日细，则专之者自各出其长，而兼之者自有所不逮，而古来全知全能之英雄，自不可复见。

若是乎，世界之无英雄，实世界进步之征验也。一切众生皆成佛，则无所谓佛；一切常人皆为英雄，则无所谓英雄。古之天下，所以一治一乱如循环者，何也？恃英雄也。其人存则其政举，其人亡则其政息，即世界借英雄而始成立之说也。故必到人民不倚赖英雄之境界，然后为真文明，然后以之立国而国可立，以之平天下而天下可平。

虽然，此在欧美则然耳。若今日之中国，则其思想发达、文物开化之度，不过与四百年前之欧洲相等，不有非常人起，横大刀阔斧，以辟榛莽而开新天地，吾恐其终古如长夜也。英雄乎，英雄乎，吾夙昔梦之，吾顶礼祝之！

论公德

我国民所最缺者，公德其一端也。公德者何？人群之所以为群，国家之所以为国，赖此德焉以成立者也。人也者，善群之动物也[①]。人而不群，禽兽奚择？而非徒空言高论曰群之群之，而遂能有功者也。必有一物焉贯注而联络之，然后群之实乃举，若此者谓之公德。

道德之本体一而已，但其发表于外，则公私之名立焉。人人独善其身者谓之私德，人人相善其群者谓之公德，二者皆人生所不可缺之具也。无私德则不能立，合无量数卑污、虚伪、残忍、愚懦之人，无以为国也；无公德则不能团，虽有无量数束身自好、廉谨良愿之人，仍无以为国也。吾中国道德之发达，不可谓不早，虽然，偏于私德，而公德殆阙如。试观《论语》《孟子》诸书，吾国民之木铎，而道德所从出者也。其中所教，私德居十之九，而公德不及其一焉。如《皋陶谟》之九德；《洪范》之三德；《论语》所谓"温良恭俭让"，所谓"克己复礼"，所谓"忠信笃敬"，所谓"寡尤寡悔"，所谓"刚毅木讷"，所谓"知命知言"；《大学》所谓"知止慎独"，"戒欺求慊"；《中庸》所谓"好学力行知耻"，所谓"戒慎恐惧"，所谓"致曲"；《孟子》所谓"存心养性"，所谓"反身强恕"。凡此之类，关于私德者，发挥几无余蕴，于养成私人[②]之资格，庶乎备矣。虽然，仅有私人之资格，遂足为完全人格乎？是固不能。今试以中国旧伦理，与泰西新伦理相比较：旧伦理之分类，曰君臣，曰父子，曰兄弟，曰夫妇，曰朋友；新伦理之分类，曰家族伦理，曰社会[③]伦理，曰国家伦理。旧伦理所重者，则一私人对于一私人之事也[④]；新伦理所重者，则一私人对于一团

①此西儒亚里士多德之言——作者原注。

②私人者对于公人而言，谓一个人不与他人交涉之时也——作者原注。

③即人群——作者原注。

④一私人之独善其身，固属于私德之范围，即一私人与他私人交涉之道义，仍属于私德之范围也，此可以法律上公法、私法之范围证明之——作者原注。

体之事也[1]。夫一私人之所以自处，与一私人之对于他私人，其间必贵有道德者存，此奚待言！虽然，此道德之一部分，而非其全体也。全体者，合公私而兼善之者也。

私德公德，本并行不悖者也。然提倡之者既有所偏，其末流或遂至相妨。若微生亩讥孔子以为佞，公孙丑疑孟子以好辨，此外道浅学之徒，其不知公德，不待言矣；而大圣达哲，亦往往不免。吾今固不欲摭拾古人片言只语有为而发者，擿之以相诟病。要之，吾中国数千年来，束身寡过主义，实为德育之中心点。范围既日缩日小，其间有言论行事，出此范围外，欲为本群本国之公利公益有所尽力者，彼曲士贱儒，动辄援"不在其位，不谋其政"等偏义，以非笑之、挤排之。谬种流传，习非胜是，而国民益不复知公德为何物！今夫人之生息于一群也，安享其本群之权利，即有当尽于其本群之义务；苟不尔者，则直为群之蠹而已。彼持束身寡过主义者，以为吾虽无益于群，亦无害于群，庸讵知无益之即为害乎！何则？群有以益我，而我无以益群，是我逋群之负而不偿也。夫一私人与他私人交涉，而逋其所应偿之负，于私德必为罪矣，谓其害之将及于他人也。而逋群负者，乃反得冒善人之名，何也？使一群之人，皆相率而逋焉，彼一群之血本，能有几何？而此无穷之债客，日夜蠹蚀之而瓜分之，有消耗，无增补，何可长也！然则其群必为逋负者所拽倒，与私人之受累者同一结果，此理势之所必然矣。今吾中国所以日即衰落者，岂有他哉，束身寡过之善士太多，享权利而不尽义务，人人视其所负于群者如无有焉，人虽多，曾不能为群之利，而反为群之累，夫安得不日蹙也！

父母之于子也，生之育之，保之教之，故为子者有报父母恩之义

---

[1]以新伦理之分类，归纳旧伦理，则关于家族伦理者三：父子也，兄弟也，夫妇也；关于社会伦理者一：朋友也；关于国家伦理者一：君臣也。然朋友一伦，决不足以尽社会伦理；君臣一伦，尤不足以尽国家伦理，何也？凡人对于社会之义务，决不徒在相知之朋友而已，即绝迹不与人交者，仍于社会上有不可不尽之责任。至国家者，尤非君臣所能专有，若仅言君臣之义，则使以礼，事以忠，全属两个私人感恩效力之事耳，于大体无关也。将所谓逸民不事王侯者，岂不在此伦范围之外乎？夫人必备此三伦理之义务，然后人格乃成。若中国之五伦，则惟于家族伦理稍为完整，至社会、国家伦理，不备滋多。此缺憾之必当补者也，皆由重私德轻公德所生之结果也——作者原注。

务。人人尽此义务，则子愈多者，父母愈顺，家族愈昌；反是则为家之索矣。故子而逋父母之负者，谓之不孝，此私德上第一大义，尽人能知者也。群之于人也，国家之于国民也，其恩与父母同。盖无群无国，则吾性命财产无所托，智慧能力无所附，而此身将不可以一日立于天地。故报群报国之义务，有血气者所同具也。苟放弃此责任者，无论其私德上为善人、为恶人，而皆为群与国之蟊贼。譬诸家有十子，或披剃出家，或博弈饮酒，虽一则求道，一则无赖，其善恶之性质迥殊，要之不顾父母之养，为名教罪人则一也。明乎此义，则凡独善其身以自足者，实与不孝同科。案公德以审判之，虽谓其对于本群而犯大逆不道之罪，亦不为过。

某说部寓言，有官吏死而冥王案治其罪者，其魂曰："吾无罪，吾做官甚廉。"冥王曰："立木偶于庭，并水不饮，不更胜君乎！于廉之外一无所闻，是即君之罪也。"遂炮烙之。欲以束身寡过为独一无二之善德者，不自知其已陷于此律而不容赦也。近世官箴，最脍炙人口者三字，曰清、慎、勤。夫清、慎、勤岂非私德之高尚者耶？虽然，彼官吏者受一群之委托而治事者也，既有本身对于群之义务，复有对于委托者之义务，曾是清、慎、勤三字，遂足以塞此两重责任乎？此皆由知有私德，不知有公德。故政治之不进，国华之日替，皆此之由。彼官吏之立于公人地位者且然，而民间一私人更无论也。我国民中无一人视国事如己事者，皆公德之大义未有发明故也。

且论者亦知道德所由起乎？道德之立，所以利群也。故因其群文野之差等，而其所适宜之道德，亦往往不同，而要之以能固其群、善其群、进其群者为归。夫英国宪法，以侵犯君主者为大逆不道[①]；法国宪法，以谋立君主者为大逆不道；美国宪法，乃至以妄立贵爵名号者为大逆不道[②]。其道德之外形相反如此，至其精神则一也。一者何？曰：为一群之公益而已。乃至古代野蛮之人，或以妇女公有为道德[③]；或以奴隶非人为道德[④]。而今世哲学家，犹不能谓其非道德。盖以彼当时之情状所以

①各君主国皆然——作者原注。

②凡违宪者皆大逆不道也——作者原注。

③一群中之妇女为一群中之男子所公有物，无婚姻之制也。古代斯巴达尚不脱此风——作者原注。

④视奴隶不以人类，古贤柏拉图、阿里士多德皆不以为非，南北关战争以前，欧美人尚不以此事为恶德也——作者原注。

利群者，惟此为宜也。然则道德之精神，未有不自一群之利益而生者，苟反于此精神，虽至善者，时或变为至恶矣[①]。是故公德者，诸国之源也，有益于群者为善，无益于群者为恶[②]，此理放诸四海而准，俟诸百世而不惑者也。至其道德之外形，则随其群之进步以为比例差，群之文野不同，则其所以为利益者不同，而其所以为道德者亦自不同。德也者，非一成而不变者也[③]，非数千年前之古人能立一定格式以范围天下万世者也[④]。然则吾辈生于此群，生于此群之今日，宜纵观宇内之大势，静察吾族之所宜，而发明一种新道德，以求所以固吾群、善吾群、进吾群之道，未可以前王先哲所罕言者，遂以自画而不敢进也。知有公德，而新道德出焉矣，而新民出焉矣[⑤]！公德之大目的，既在利群，而万千条理即由是生焉。本论以后各子目，殆皆可以"利群"二字为纲，以一贯之者也。故本节但论公德之急务，而实行此公德之方法，则别著于下方。

---

①如自由之制，在今日为至美，然移之于野蛮未开之群，则为至恶；专制之治，在古代为至美，然移之于文明开化之群，则为至恶。是其例证也——作者原注。

②无益而有害者为大恶，无害亦无益者为小恶——作者原注。

③吾此言颇骇俗，但所言者德之条理，非德之本原，其本原固亘万古而无变者也。读者幸勿误会。本原惟何？亦日利群而已——作者原注。

④私德之条目，变迁较少，公德之条目，变迁尤多——作者原注。

⑤今世士夫谈维新者，诸事皆敢言新：惟不敢言新道德，此由学界之奴性未去，爱群、爱国、爱真理之心未诚也。盖以为道德者，日月经天，江河行地，自无始以来，不增不减，先圣昔贤，尽揭其奥，以诏后人，安有所谓新焉旧焉者？殊不知，道德之为物，由于天然者半，由于人事者亦半，有发达有进步，一循天演之大例。前哲不生于今日，安能制定悉合今日之道德？使孔孟复起，其不能不有所损益也亦明矣。今日正当过渡时代，青黄不接，前哲深微之义，或湮没而未彰，而流俗相传简单之道德，势不足以范围今后之人心，且将有厌其陈腐而一切吐弃之者。吐弃陈腐，犹可言也，若并道德而吐弃，则横流之祸，曷其有极！今此祸已见端矣。老师宿儒，或忧之，劬劬焉欲持宋元之余论以遏其流，岂知优胜劣败，固无可逃，捧坏（编者按："坏"疑为"抔"的讹误）土以塞孟津，沃杯水以救薪火，虽竭吾才，岂有当焉。苟不及今急急斟酌古今中外，发明一种新道德者而提倡之，吾恐今后智育愈盛，则德育愈衰，泰西物质文明尽输入中国，而四万万人且相率而为禽兽也。呜呼！道德革命之论，吾知必为举国之所诟病，顾吾特恨吾才之不逮耳，若夫与一世之流俗人挑战决斗，吾所不惧，吾所不辞。世有以热诚之心爱群、爱国、爱真理者乎？吾愿为之执鞭，以研究此问题也——作者原注。

论毅力

曾子曰："士不可以不弘毅，任重而道远，仁以为己任，不亦重乎？死而后已，不亦远乎？"圣哉斯言，圣哉斯言！欲学为"人"者，苟非于此义笃信死守，身体而力行之，虽有高志，虽有奇气，虽有异才，终无所成。

人治者，常与天行相搏，为不断之竞争者也。天行之为物，往往与人类所期望相背，故其反抗力至大且剧。而人类向上进步之美性，又必非可以现在之地位而自安也。于是乎人之一生，如以数十年行舟于逆水中，无一日而可以息。又不徒一人为然也，大而至于一民族，更大而至于全世界，皆循兹轨道而日孜孜者也。其希望愈远，其志事愈大者，其所遭拂戾之境遇必愈众。譬犹泛涧沚者与行江河者与航洋海者之比例，其艰难之程度，恒与其所历境界之广狭相应，事理固然，无足怪者。

天下古今成败之林，若是其莽然不一途也。要其何以成，何以败？曰：有毅力者成，反是者败。盖人生历程，大抵逆境居十六七，顺境亦居十三四。而顺逆两境，又常相间以迭乘。无论事之大小，而必有数次乃至十数次之阻力，其阻力虽或大或小，而要之必无可逃避者也。其在志力薄弱之士，始固曰，吾欲云云，吾欲云云。其意以为天下事固易易也。及骤尝焉，而阻力猝来，颓然丧矣；其次弱者，乘一时之客气，透过此第一关，遇再挫而退；稍强者，遇三四挫而退；更稍强者遇五六挫而退。其事愈大者，其遇挫愈多，其不退也愈难，非至强之人，未有能善于其终者也。夫苟其挫而不退矣，则小逆之后必有小顺，大逆之后必有大顺。盘根错节之既破，而遂有应刃而解之一日。旁观者徒艳羡其功之成，以为是殆幸运儿，而天有以宠彼也；又以为我蹇于遭逢，故所就不彼若也。庸讵知所谓蹇焉幸焉者，彼皆与我之所同，而其能征服此蹇焉、利用此幸焉与否，即彼成我败所由判也。更譬诸操舟，如以兼旬之期行千里之地者，其间风潮之或顺或逆，常相参伍，彼以坚苦忍耐之力，冒其逆而突过之，而后得从容以容度其顺；我则或一日而返焉，或二三日而返焉，或五六日而返焉，故彼岸终不可得达也。孔子曰："譬如为山，未成一篑，止，吾止也。譬如平地，虽覆一篑，进，吾往也。”孟子曰：“有为者譬若掘井，掘井九仞而不及泉，犹为弃井也。”成败之数，视此而已。

人不可无希望，然希望常与失望相倚，至于失望，而心盖死矣。养其希望勿使失者，厥惟毅力。故志不足恃，气不足恃，才不足恃，惟毅力者足恃。昔摩西古代之第一伟人也，彼悯犹太人受轭于埃及也，是其志之过人也。然其携之以出埃及也，始焉犹太人不欲，经十余年乃能动焉；既动矣，而埃及人尼之截之，经十余战乃能出焉；既出矣，而所欲至之目的不得达，彷徨沙漠中者又四十年焉。使摩西毅力稍不足，或于其初也，见犹太人之顽固难动，而灰其心焉；于其中也，见埃及人之强悍难敌而灰其心焉；于其终也，见迦南乐土之艰险不易达，而灰其心焉。苟有一者，则摩西必为失败之人，无可疑也。昔哥伦布，新世界之开辟者也，彼信海西之必有大陆，是其识之过人也。然其早年，丧其爱妻，丧其爱子，丧其资财，穷饿无聊，行乞于市，既而游说于豪贵，豪贵笑之；建白于葡萄牙政府，政府斥之。及其承西班牙王之命初航海也，舟西指，六十余日不见寸土，同行之人，失望思归，从而尼之挠之者不下十数次，乃至共谋杀其身饮其血，使哥伦布毅力稍不足，则初焉以穷困而沮，继焉以不遇知己而沮，继焉以艰难而沮，终焉以险祸而沮，苟有一者，则哥伦布必为失败之人，无可疑也。昔巴律西，法兰西著名之美术家也，尝悯法国磁器之粗拙，欲改良之，筑灶以试验者数年，家资尽罄，再筑灶而益以薪，又复失败。已无复三度筑灶之资，犹复集土器三百余，附窑以试验之，历一日夜不交睫，曾无尺寸功，如是者殆十年。卒为第四度最后之大试验，乃作灶于家，砖石筑造，皆躬自任，阅七八月，灶始成，乃抟土制器，涂药入灶，火热一昼夜间，坐其旁以待旦，其妻持朝食供之，终不忍离。至第二日，质终未融，日沉西，又不去，待之。于是蓬首垢面，憔悴无人形。如是者越三日四日五日六日，相续至七日，未一假寐，而功遂不就。自兹以往，调新质而捣炼之，坐守十余日二十日以为常。最后一度，质既备，火既焚，热既炽，功将成矣，薪忽告竭，而火又不能减也。巴律西爽然自失，伤其功之将堕，乃拔园篱之本以代之，犹不足，碎其桌及椅投诸火，犹不足，碎其架，犹不足，碎其榻，犹不足，碎其门，妻子以为狂，号于室而奔告其邻，未几，所烧之质遂融，色光泽，俨然良器矣。于是巴律西送其至困极苦之生涯于此器者，已十八年。使巴律西毅力稍不足者，则必为失败之人，无可疑也。昔维尔德，创设海底电线之人也，彼其拥巨万之赀，倾心以创此业，欲自美至英，超海以通电信，请助于英政府，几经哀求，始见许。而美国议院为激烈之反对，其赞助仅以一票之多数得通过，亦既困难极矣。及其始敷设也，第一次至五百里而失败，第二次至二百里，以电流不通而失败；第三次将告成矣，而所乘之军舰，又以倾射不能转运，线亦中断。第四次以两军舰，一向爱尔兰，一向尼科德兰，相距三里，线仍断。第五次再试，则两舰距离八十里，电流始通，又突失败。监督诸员皆绝望，资本家亦有悔志。第六次至海上七百里地名落鞠者，电信始通，谓已成矣。既而电流忽突然停止，又复失败。第七次更别购良线，建设至距尼科德兰六百里处，将近结果，线又断。此大业遂阅一年有奇，而维尔德之家资已耗尽矣。犹复哓音瘏口，劳魂瘁形，游说英美之有力者，别设一新公司而功乃始就，至今全地球食其利。使维尔德毅力稍不足者，则虽历一次二次乃至三四五六七八次，其终为失败之人，无可疑也。此其最著者也。乃若的士黎礼，四度争议员选举不第，而卒为英名相；加里波的，五度起革命军不成，而卒建新意大利；士提反孙之作行动机器也，十五年始成；瓦德之作蒸气机器也，三十年始成；孟德斯鸠之《万法精理》，二十五年始成；斯密亚丹之《原富》，十年始成；达尔文之《种源论》，十六年成；吉朋之《罗马衰亡史》，二十年始成；倭斯达之《大辞典》，三十六年始成；马达加斯加之传教师，十年始得一信徒；吉德林之传教于缅甸，拿利林之传教于中国，一则五年，一则七年，乃得一信徒。由此观之，世无论古今，业无论大小，其卓然能成就以显于世而传于后者，岂有一不自坚忍沉毅而来哉？又不徒西国为然也。请征诸我先民，勾践之在会稽也，田单之在即墨也，汉高之在荥阳、成皋也，皆其败也，即其所以成也；使三子者毅力稍不足，则为失败之人也。张骞之使西域也，濒于死者屡，往往不食数日乃至十数日，前后历十三年，而卒宣汉威于域外。使骞毅力稍不足，则为失败之人也。刘备初用徐州而蹶，次用豫州而又蹶，次用荆州而又蹶；年将垂暮，始得益州以定大业。使备毅力稍不足，则为失败之人也。元奘以唐国师之尊，横葱岭，适印度，猛兽困之，瘴疠困之，饥渴困之，语言之不通困之，卒经十七年，尽学其正法外道，归而弘布于祖国。使元奘毅力稍不足，则为失败之人也。且勿征诸远，即最近数十年来威德巍巍照耀环宇，若曾文正其人者，其初起时之困心衡虑，宁复可思议？饷需则罗掘不足[1]，兵勇则调和两难[2]，将裨则驾驭匪易[3]，衡州水师经营积年，甫出即败于靖港，愤欲自沉，复思乃止。直至咸丰十年，任江督，驻祁门，而苏常新陷，徽州继之，圜左右八百里皆贼地，或劝移营江西以保饷源，或劝迁麾江干以通粮路，文正乃曰："吾去此寸步无死所！"及同治元年，合围金陵之际，疾疫忽行，上自芜湖，下迄上海，无营不病，杨（岳斌）、曾（国荃）、鲍（超）诸统将，皆呻吟床蓐，堞无守望之兵，厨无炊爨之卒，而苦守力战，阅四十六日，乃得拔。事后自言此数月中，心胆俱碎，观其

《与邵位西书》云："军事非权不威，非势不行。弟处无权无势之位，常冒争权争势之嫌，年年依人，顽钝寡效。"《与刘霞仙书》云："虹贯荆卿之心，而见者以为淫氛。碧化苌宏之血，而览者以为顽石。古今同慨，我岂伊殊。屈累所以一沉而万世不复者，良有以也。"又

《复郭筠仙书》云："国藩昔在湖南、江西，几于通国不能相容，六七年问，浩然不欲复闻世事，然造端过大，以不顾生死自命，宁当更问毁誉？以拙进而以巧退，以忠义劝人，而以苟且自全，即魂魄犹有余羞。"盖当时所处之困难，如此其甚也。功成业定之后，论者以为乘时

---

①《与李小泉书》云："仆在衡极力劝捐，总无起色，所入皆钱尚不满万，各邑绅士来衡殷殷相助，奈乡间自乏此物，莫可如何。欲放手一办，辄复以此阻败，只恼人耳。"又《复骆中丞书》云："捐输一事，所托之友所发之书盖已不少，据称待至岁暮，某处一千，某处五百，俱可按籍而索，事虽同乎水中之月，犹冀得乎十分之五，一经摇动，则全局皆空。"云云，盖当时以乡绅办团，只恃捐输不仰帑藏故也——作者原注。

②文正在衡初办团时，标兵疾之，至闯入公所与之为难，文正仅以身免。其文集中书札卷二《与王璞山书》《上吴甄甫制军书》各篇苦情如诉，词多不录——作者原注。

③《复骆中丞书》云："王璞山本侍所器倚之人，今年于各处表暴其贤，盖亦口疲于赞扬，手倦于书写。而璞山不谅我心，颇生猜疑，侍所与之札饬，言撤勇事者，概不回答，既无公牍，又无私书。曾未同涉风波之险，已有不受节制之意。同舟而树敌国，肝胆而变楚越。"云云，当时用人之难，可见一斑矣。类此者犹伙——作者原注。

际会，天独厚之，而岂知其停辛伫苦铢积寸累百折不回而始有今日也。使曾文正毅力稍不足者，则其为失败之人，无可疑也。呜呼，综观此中西十数君子，则我辈所以求自立于天地间者，可以思矣，可以兴矣。拿破仑曰："兵家胜败，在最后之十五分钟而已。盖我困之时，人亦困之时也。我疲之时，人亦疲之时也。际人之困疲，而我一鼓勇气以继之，则胜利固不得不在我。"此言乎成功之术之非难也。古语曰："行百里者半九十。"此言乎成功之道之非易也。难耶？易耶？惟志士自择之。

抑成败云者，又非可以庸耳俗目而论定者也。凡人所志所事愈大，则其结果愈大，而成就亦愈迟。如彼志救一国者，而一国之进步，往往数十百年乃始得达。志救天下者，而天下之进步，往往数百千年乃始得达。而此眇眇七尺之躯壳，虽豪杰，虽圣贤，曾不能保留之使逾数十寒暑以外，然则事事而欲亲睹其成，宁复有大事之可任耶？是故当知马丁·路得故成也，而拉的马、列多黎、格兰玛[①]亦不可谓不成。哥伦布固成也，而仭顿曲[②]亦不可谓不成。狄渥固成也，而噶苏士亦不可谓不成。加富尔固成也，而玛志尼亦不可谓不成。大久保、木户固成也，而吉田松阴、藤田东湖亦不可谓不成。曾国藩固成也，而江忠源、罗泽南、李续宾亦不可谓不成。成败云者，惟其精神，不惟其形式也。不然，若孔子干七十二君无所用，伐檀削迹，老于道路。若耶稣受磔十字架，其亦可谓之败耶？故真有毅力者，惟怀久远之希望，而不计目前之成败，非不求成，知其成非在旦夕，故不求也。成且不求，而宁复有可败之道乎？浅见者流，睹其躯壳之或窜或锢或杀，而妄拟议之曰：是实败焉。而岂知天下事固往往败于今而成于后，败于我而成于人。有既造之因，必有终结之果。天下惟不办事者，立于全败之地。而真办事者，固必立于不败之地也。故吾尝谓毅力有二种，一曰兢惕于成败，而竭全力以赴之，鼓余勇以继之者，刚毅之谓也；二曰解脱于成败，而尽天职以任之，献生命以殉之者，沉毅之谓也。

若是者，岂惟一私人为然耳，即一民族亦有然。伟大之民族，其举动常有一远大之目的，汲汲焉向之以进行，历数十年数百年如一日。

①三人皆为宗教革命而死者，格兰玛缚于柱而焚杀——作者原注。
②仭顿曲在夏威夷为土人所杀——作者原注。

不观英国乎？自克林威尔以来，以通商殖民为国是，尔后数百年不一退转，驯至世界大地图中，五大洋深绿色里，斑斑作朱点者，皆北端眇眇三岛之附从奴仆也。十字角之旗，翩翻五大陆万岛屿之上，乃至不与日同出入，而至今犹歉然若不足，殖民大臣漫游全世界，汲汲更讲涨进之法。不见俄国乎？自彼得大帝以来，以东向侵略为国是，尔后数百年不一退转，其于近东也，欧亚诸国合力沮之，其于远东也，乃至欧亚美诸国全力沮之，而锐气不稍挫，近日确然益树实力于满州[①]，而达达尼尔事件[②]，又见告矣。计全球数十国中，其有朝气方鼎盛者，不过十数，揆厥所由，未有不自彼国民之有毅力来者也。岂无一二仗客气趁风潮，随雄国以学邯郸步者？然昙花一瞥，颓落依然。今南美洲诸国是其前车也。孟子曰："祸福无不自己求之者。"天之降鉴下民，岂有所私耶？呜呼，国民国民，可以鉴矣！

吾观我祖国民性之缺点，不下十百，其最可痛者，则未有若无毅力焉者也。其老辈者，有权力者，众目之曰守旧。夫守旧则何害？英国保守党之名誉历史，岂不赫赫在人耳目耶[③]？然守则守矣，既守之则当以身殉之，顾何以戊戌新政一颁，而举国无守旧党者竟三阅月也？义和团之起也，吾党虽怜其愚，而犹惊其勇，以为排外义愤，有足多焉，而何以数月之力，不能下一区区使馆也？而何以联军一至，其在下者，惟有顺民旗，不复有一义和团？其在上者惟有二毛子，不复有一义和团也？各省闹教之案，固野蛮之行也。虽然，吾闻日本三十年前，固常有民间暴动滥戕外人之事，及交涉起，其首事者则自戕于外国官吏之前，不以义愤贻君父忧。而吾国民之为此者，何以一呼而蜂蚁集，一哄而鸟兽散，不顾大局，而徒以累国家也？若夫所谓新进者，稍知外事者，翘然揭橥一维新之徽章于额角，夫维新则岂非善事？然既新矣，则亦当以身殉之，顾何以见声色而新者去其十之三四？语金钱而新者去其十之五六？睹宦达而新者且去其十之八九也？或曰，此盖其心术败坏使然。彼其在初固未尝确有见于旧之宜守，确有见于新之不可以已也，不过伺朝廷之眼

①今多写为"满洲"。

②此最近之国际问题，俄国蔑视《柏林条约》，以兵船渡土耳其之达达尼尔海峡，以出黑海也——作者原注。

③现内阁亦保守党——作者原注。

波以为显官计，博时髦之虚名以为啖饭地耳。吾谓此等人固自不少，而吾终不敢以此阴险黠诈之恶名，尽概天下士也。要之，其志力薄弱，知及而仁不能守，有初而鲜克有终者，比比然尔。彼守旧者不足道矣，至如号称维新者流，论者或谓但有此辈，亦慰情胜无。呜呼，吾窃以为误矣。天下事不知焉者尚有可望，知而不行者则无可望；知而不行尚有可望，行而不能力不能终者，最无可望。故得聪明而软弱者亿万，不如得朴诚而沉毅者一二。今天下志士亦纷纷矣，其大多数者，果属于此，抑属于彼？吾每一念及，不能不为我国前途疑且惧也。嗟乎！一国中朝野上下，人人皆有假日娱乐之心，有遑恤我后之想；翩翩年少，弱不禁风；皤皤老成，尸居余气；无三年能持续之国的，无百人能固结之法团。呜呼！有国如此，不亡何待哉？不亡何待哉？

守旧者吾无责焉，伪维新者吾无责焉，吾请正告吾党之真有志于天下事者曰：公等勿恃客气也，勿徒悚动于一时高论，以为吾知此吾言此而吾事毕也。西哲有恒言："知责任者大丈夫之始，行责任者大丈夫之终。"吾侪不认此责任则已耳，苟既认之，则当如妇人之于所夫，终身不二，矢死靡他。吾侪初知责任之日，即此身初嫁与国民之日也，自顶至踵，夫岂复我所得私？于此而欲不亹亹焉，夫亦安得避也？然天下事顺逆之常相倚也又如彼，吾党乎吾党乎，当知古今天下无有无阻力之事，苟其畏阻力也，则勿如勿办，竟放弃其责任以与齐民伍。而不然者，则种种烦恼，皆为我练心之助；种种危险，皆为我练胆之助；种种艰大，皆为我练智练力之助；随处皆我之学校也，我何畏焉？我何怨焉？我何馁焉？我愿无尽，我学无尽，我知无尽，我行无尽。孔子曰："望其圹，睪如也，臬如也，君子息焉，小人休焉。"毅之至也，圣之至也。

趣味教育与教育趣味

四月十日在直隶教育联合研究会讲演

一

假如有人问我："你信仰的甚么主义？"我便答道："我信仰的是趣味主义。"有人问我："你的人生观拿什么做根柢？"我便答道："拿趣味做根柢。"我生平对于自己所做的事，总是做得津津有味，而且兴会淋漓。什么悲观咧厌世咧这种字面，我所用的字典里头，可以说完全没有。我所做的事，常常失败——严格的可以说没有一件不失败——然而我总是一面失败一面做。因为我不但在成功里头感觉趣味，就在失败里头也感觉趣味。我每天除了睡觉外，没有一分钟一秒钟不是积极地活动。然而我绝不觉得疲倦，而且很少生病。因为我每天的活动有趣得很。精神上的快乐，补得过物质上的消耗而有余。

趣味的反面是干瘪，是萧索。晋朝有位殷仲文，晚年常郁郁不乐，指着院子里头的大槐树叹气，说道："此树婆娑，生意尽矣。"一棵新栽的树，欣欣向荣，何等可爱。到老了之后，表面上虽然很婆娑，骨子里生意已尽。算是这一期的生活完结了。殷仲文这两句话，是用很好的文学技能，表出那种颓唐落寞的情绪。我以为这种情绪，是再坏没有的了。无论一个人或一个社会，倘若被这种情绪侵入弥漫，这个人或这个社会算是完了，再不会有长进。何止没长进，什么坏事都要从此产育出来。总而言之，趣味是活动的源泉，趣味干竭，活动便跟着停止。好像机器房里没有燃料，发不出蒸汽来。任凭你多大的机器，总要停摆。停摆过后，机器还要生锈，产生许多毒害的物质哩。人类若到把趣味丧失掉的时候，老实说，便是生活得不耐烦。那人虽然勉强留在世间，也不过行尸走肉。倘若全个社会如此，那社会便是痨病的社会，早已被医生宣告死刑。

二

"趣味教育"这个名词，并不是我所创造。近代欧美教育界早已通行了。但他们还是拿趣味当手段。我想进一步，拿趣味当目的。请简单说一说我的意见。

第一，趣味是生活的原动力。趣味丧掉，生活便成了无意义，这是不错。但趣味的性质，不见得都是好的。譬如好嫖好赌，何尝不是趣味。但从教育的眼光看来，这种趣味的性质，当然是不好。所谓好不好，并不必拿严酷的道德论做标准。既已主张趣味，便要求趣味的贯彻。倘若以有趣始以没趣终，那么趣味主义的精神，算完全崩落了。《世说新语》记一段故事："祖约性好钱，阮孚性好屐，世未判其得失。有诣约，见正料量财物，客至屏当不尽，余两小簏，以着背后，倾身障之。意未能平。诣孚，正见自蜡屐，因叹曰：'未知一生当着几緉屐。'意甚闲畅。于是优劣始分。"这段话，很可以作为选择趣味的标准。凡一种趣味事项，倘或是要瞒人的，或是拿别人的苦痛换自己的快乐，或是快乐和烦恼相间相续的。这等统名为下等趣味。严格说起来，他就根本不能做趣味的主体。因为认这类事当趣味的人，常常遇着败兴，而且结果必至于俗语说的"没兴一起来"而后已。所以我们讲趣味主义的人，绝不承认此等为趣味。人生在幼年青年期，趣味是最浓的。成天价乱碰乱进。若不引他到高等趣味的路上，他们便非流入下等趣味不可。没有受过教育的人，固然容易如此。教育教得不如法，学生在学校里头找不出趣味，然而他们的趣味是压不住的，自然会从校课以外乃至校课反对的方向去找他的下等趣味。结果，他们的趣味是不能贯彻的，整个变成没趣的人生完事。我们主张趣味教育的人，是要趁儿童或青年趣味正浓而方向未决定的时候，给他们一种可以终身受用的趣味。这种教育办得圆满，能够令全社会整个永久是有趣的。

第二，既然如此，那么教育的方法，自然也跟着解决了。教育家无论多大能力，总不能把某种学问教通了学生，只能令受教的学生当着某种学问的趣味。或者学生对于某种学问原有趣味，教育家把他加深加厚。所以，教育事业从积极方面说，全在唤起趣味。从消极方面说，要十分注意，不可以摧残趣味。摧残趣味有几条路，头一件是注射式的教育。教师把课本里头东西叫学生强记，好像嚼饭给小孩吃，那饭已经是一点儿滋味没有了，还要叫他照样的嚼几口，仍旧吐出来看。那么，假令我是个小孩子，当然会认吃饭是一件苦不可言的事了。这种教育法，从前教八股完全是如此，现在学校里形式虽变，精神却还是大同小异。这样教下去，只怕永远教不出人才来。第二件是课目太多。为培养常识起见，学堂课目固然不能太少。为恢复疲劳起见，每目的课目固然不能不参错掉换，但这种理论，只能为程度的适用。若用得过分，毛病便会发生，趣味的性质，是越引越深。想引得深，总要时间和精力比较的集中才可。若在一个时期内，同时做十来种的功课，走马看花，应接不暇，初时或者惹起多方面的趣味，结果任何方面的趣味都不能养成。那么，教育效率可以等于零。为什么呢？因为受教育受了好些时，件件都是在大门口一望便了，完全和自己的生活不发生关系。这教育不是白费吗？第三件是拿教育的事项当手段。从前我们学八股，大家都有句通行话说他是敲门砖，门敲开了自然把砖也抛却，再不会有人和那块砖头发生起恋爱来。我们若是拿学问当作敲门砖看待，断乎不能有深入而且持久的趣味。我们为什么学数学？因为数学有趣所以学数学。为什么学历史？因为历史有趣所以学历史。为什么学画画，学打球？因为画画有趣打球有趣所以学画画学打球。人生的状态，本来是如此。教育的最大效能，也只是如此。各人选择他趣味最浓的事项做职业，自然一切劳作，都是目的，不是手段。越劳作越发有趣。反过来，若是学法政用来作做官的手段，官做不成怎么样呢？学经济用来做发财的手段，财发不成怎么样呢？结果必至于把趣味完全送掉。所以教育家最要紧教学生知道是为学问而学问，为活动而活动。所有学问，所有活动，都是目的，不是手段。学生能领会得这个见解，他的趣味自然终身不衰了。

三

以上所说，是我主张趣味教育的要旨。既然如此，那么在教育界立身的人，应该以教育为唯一的趣味，更不消说了。一个人若是在教育上不感觉有趣味，我劝他立刻改行，何必在此受苦！既已打算拿教育做职业，便要认真享乐，不辜负了这里头的妙味。

孟子说："君子有三乐，而王天下不与存焉。"那第三种就是"得天下英才而教育之"。他的意思是说教育家比皇帝要快乐。他这话绝不是替教育家吹空气，实际情形确是如此。我常想，我们对于自然界的趣味，莫过于种花。自然界的美，像山水风月等等，虽然能移我情，但我和他没有特殊密切的关系。他的美妙处，我有时便领略不出。我自己手种的花，他的生命和我的生命简直并合为一。所以我对着他，有说不出来的无上妙味。凡人工所做的事，那失败和成功的程度都不能预料。独有种花，你只要用一分心力，自然有一分效果还你，而且效果是日日不同，一日比一日进步。教育事业正和种花一样。教育者与被教育者的生命是并合为一的。教育者所用的心力，真是俗语说的“一分钱一分货”，丝毫不会枉费。所以我们要选择趣味最真而最长的职业，再没有别样比得上教育。

现在的中国，政治方面，经济方面，没有那件说起来不令人头痛。但回到我们教育的本行，便有一条光明大路摆在我们前面。从前国家托命，靠一个皇帝，皇帝不行，就望太子。所以许多政论家——像贾长沙一流都最注重太子的教育。如今国家托命是在人民，现在的人民不行，就望将来的人民。现在学校里的儿童青年，个个都是“太子”，教育家便是“太子太傅”。据我看，我们这一代的太子，真是“富于春秋，典学光明”。这些当太傅的，只要“鞠躬尽瘁”，好生把他培养出来，不愁不眼见中兴大业。所以别方面的趣味，或者难得保持，因为到处挂着“此路不通”的牌子，容易把人的兴头打断。教育家却全然不受这种限制。

教育家还有一种特别便宜的事。因为“教学相长”的关系，教人和自己研究学问是分离不开的。自己对于自己所好的学问，能有机会终身研究，是人生最快乐的事。这种快乐，也是绝对自由，一点不受恶社会的限制。做别的职业的人，虽然未尝不可以研究学问，但学问总成了副业了。从事教育职业的人，一面教育，一面学问，两件事完全打成一片。所以别的职业是一重趣味，教育家是两重趣味。

孔子屡屡说：“学而不厌，诲人不倦。”他的门生赞美他说：“正唯弟子不能及也。”一个人谁也不学，谁也不诲人，所难者确在不厌不倦。问他为什么能不厌不倦呢？只是领略得个中趣味，当然不能自已。你想，一面学，一面诲人，人也教得进步了，自己所好的学问也进步了。天下还有比他再快活的事吗？人生在世数十年，终不能一刻不活动。别的活动，都不免常常陷在烦恼里头，独有好学和好诲人，真是可以无入而不自得。若真能在这里得了趣味，还会厌吗？还会倦吗？孔子又说：“知之者不如好之者，好之者不如乐之者。”诸君都是在教育界立身的人，我希望更从教育的可好、可乐之点，切实体验，那么，不惟诸君本身得无限受用，我们全教育界也增加许多活气了。

情圣杜甫

五月二十一日为诗学研究会讲演

一

今日承诗学研究会嘱托讲演，可惜我文学素养很浅薄，不能有甚么新贡献，只好把咱们家里老古董搬出来和诸君摩挲一番，题目是《情圣杜甫》。在讲演本题以前，有两段话应该简单说明：

第一，新事物固然可爱，老古董也不可轻易抹杀。内中艺术的古董，尤为有特殊价值。因为艺术是情感的表现，情感是不受进化法则支配的。不能说现代人的情感一定比古人优美，所以不能说现代人的艺术一定比古人进步。

第二，用文字表出来的艺术——如诗词、歌剧、小说等类，多少总含有几分国民的性质。因为现在人类语言未能统一，无论何国的作家，总须用本国语言文字做工具，这副工具操练得不纯熟，纵然有很丰富高妙的思想，也不能成为艺术的表现。

我根据这两种理由，希望现代研究文学的青年，对于本国二千年来的名家作品，着实费一番工夫去赏会他，那么，杜工部自然是首屈一指的人物了。

二

杜工部被后人上他徽号叫作“诗圣”。诗怎么样才算“圣”，标准很难确定，我们也不必轻轻附和。我以为工部最少可以当得起情圣的徽号。因为他的情感的内容，是极丰富的，极真实的，极深刻的。他表情的方法又极熟练，能鞭辟到最深处，能将他全部完全反映不走样子，能像电气一般，一振一荡地打到别人的心弦上，中国文学界写情圣手，没有人比得上他，所以我叫他作情圣。

我们研究杜工部，先要把他所生的时代和他一生经历略叙梗概，看出他整个的人格。两晋六朝几百年间，可以说是中国民族混成时代，中原被异族侵入，搀杂许多新民族的血；江南则因中原旧家次第迁渡，把原住民的文化提高了。当时文艺上南北派的痕迹显然，北派真率悲壮，南派整齐柔婉，在古乐府里头，最可以看出这分野。唐朝民族化合作用，经过完成了，政治上统一，影响及于文艺，自然会把两派特性合冶一炉，形成大民族的新美。初唐是黎明时代，盛唐正是成熟时代。内中玄宗开元间四十年太平，正孕育出中国艺术史上黄金时代。到天宝之乱，黄金忽变为黑灰，时事变迁之剧，未有其比。当时蕴蓄深厚的文学界，受了这种激刺，益发波澜壮阔。杜工部正是这个时代的骄儿。他是河南人，生当玄宗开元之初。早年漫游四方，大河以北都有他足迹，同时大文学家李太白、高达夫，都是他的挚友。中年值安禄山之乱，从贼中逃出，跑到甘肃的灵武谒见肃宗，补了个"拾遗"的官。不久告假回家，又碰着饥荒，在陕西的同谷县几乎饿死。后来流落到四川，依一位故人严武。严武死后，四川又乱，他避难到湖南，在路上死了。他有两位兄弟一位妹子，都因乱离难得见面。他和他的夫人也常常隔离，他一个小儿子，因饥荒饿死，两个大儿子，晚年跟着他在四川。他一生简单的经历，大略如此。

他是一位极热肠的人，又是一位极有脾气的人。从小便心高气傲，不肯趋承人。

他的诗道："以兹悟生理，独耻事干谒。"（《奉先咏怀》）

又说："白鸥没浩荡，万里谁能驯。"（《赠韦左丞》）

可以见他的气概。严武做四川节度，他当无家可归的时候去投奔他，然而一点不肯趋承将就，相传有好几回冲撞严武，几乎严武容他不下哩。他集中有一首诗，可以当他人格的象征："绝代有佳人，幽居在空谷。自言良家子，零落依草木。……在山泉水清，出山泉水浊。侍婢卖珠回，牵萝补茆屋。摘花不插鬓，采柏动盈掬。天寒翠袖薄，日暮倚修竹。"（《佳人》）

这位佳人，身份是非常名贵的，境遇是非常可怜的，情绪是非常温厚的，性格是非常高亢的，这便是他本人自己的写照。

三

他是个富于同情心的人。他有两句诗："穷年忧黎元，叹息肠内热。”（《奉先咏怀》）这不是瞎吹的话，在他的作品中，到处可以证明。这首诗底下便有两段说：“彤庭所分帛，本自寒女出。鞭挞其夫家，聚敛贡城阙。”（同上）又说：“况闻内金盘，尽在卫霍室。中堂舞神仙，烟雾散玉质。暖客貂鼠裘，悲管逐清瑟。劝客驼蹄羹，霜橙压香橘。朱门酒肉臭，路有冻死骨。……”（同上）这种诗几乎纯是现代社会党的口吻。他做这诗的时候，正是唐朝黄金时代，全国人正在被镜里雾里的太平景象醉倒了。这种景象映到他的眼中，却有无限悲哀。

他的眼光，常常注视到社会最下层，这一层的可怜人那些状况，别人看不出，他都看出；他们的情绪，别人传不出，他都传出。他著名的作品“三吏”“三别”，便是那时代社会状况最真实的影戏片，《垂老别》的：“老妻卧路啼，岁暮衣裳单。熟知是死别，且复伤其寒。此去必不归，还闻劝加餐。”《新安吏》的：“肥男有母送，瘦男独伶俜。白水暮东流，青山犹哭声。莫自使眼枯，收汝泪纵横。眼枯即见骨，天地终无情。”《石壕吏》的：“三男邺城戍。一男附书至，二男新战死。存者且偷生，死者长已矣。”这些诗是要作者的精神和那所写之人的精神并合为一，才能做出。他所写的是否他亲闻亲见的事实，抑或他脑中创造的影像，且不管他，总之他做这首《垂老别》时，他已经化身作那位六七十岁拖去当兵的老头子；做这首《石壕吏》时，他已经化身作那位儿女死绝衣食不给的老太婆，所以他说的话，完全和他们自已说一样。

他还有《戏呈吴郎》一首七律，那上半首是：“堂前扑枣任西邻，无食无儿一妇人。不为家贫宁有此，只缘恐惧转须亲。……”这首诗，以诗论，并没什么好处，但叙当时一件琐碎实事——一位很可怜的邻舍妇人偷他的枣子吃，因那人的惶恐，把作者的同情心引起了。这也是他注意下层社会的证据。

有一首《缚鸡行》，表出他对于生物的泛爱，而且很含些哲理：“小奴缚鸡向市卖，鸡被缚急相喧争。家人厌鸡食虫蚁，未知鸡卖还遭烹。虫鸡于人何厚薄，吾叱奴人解其缚。鸡虫得失无时了，注目寒江倚山阁。”

有一首《茅屋为秋风所破歌》，结尾几句说道：“……安得广厦千万间，大庇天下寒士俱欢颜。风雨不动安如山。呜呼！何时眼前突兀见此屋，吾庐独破被冻死亦足。”有人批评他是名士说大话，但据我看来，此老确有这种胸襟，因为他对于下层社会的痛苦看得真切，所以常把他们的痛苦当作自己的痛苦。

四

他对于一般人如此多情，对于自己有关系的人，更不待说了。我们试看他对朋友：那位因陷贼贬做台州司户的郑虔，他有诗送他道："……便与先生应永诀，九重泉路尽交期。"又有诗怀他道："天台隔三江，风浪无晨暮。郑公纵得归，老病不识路。……"（《有怀台州郑十八司户》）那位因附永王磷造反长流夜郎的李白，他有诗梦他道："死别已吞声，生别常恻恻。江南瘴厉地，逐客无消息。故人入我梦，明我长相忆。恐非平生魂，路远不可测。魂来枫林青，魂返关塞黑。君今在罗网，何以有羽翼。落月满屋梁，犹疑照颜色。水深波浪阔，毋使蛟龙得。"（《梦李白》二首之一）这些诗不是寻常应酬话，他实在拿郑、李等人当一个朋友，对于他们的境遇，所感痛苦和自己亲受一样，所以做出来的诗句句都带血带泪。

他集中想念他兄弟和妹子的诗，前后有二十来首，处处至性流露。最沉痛的如《同谷七歌》中："有弟有弟在远方，三人各瘦何人强。生别展转不相见，胡尘暗天道路长。前飞驾鹅后鹙鸧，安得送我置汝旁。呜呼！三歌兮歌三发，汝归何处收兄骨。""有妹有妹在钟离，良人早没诸孤痴。长淮浪高蛟龙怒，十年不见来何时。扁舟欲往箭满眼，杳杳南国多旌旗。呜呼！四歌兮歌四奏，林猿为我啼清昼。"

他自己直系的小家庭，光景是很困苦的，爱情却是很秾挚的。他早年有一首思家诗："今夜鄜州月，闺中只独看。遥怜小儿女，未解忆长安。香雾云鬟湿，清辉玉臂寒。何时倚虚幌，双照泪痕干。"（《月夜》）这种缘情旖旎之作，在集中很少见。但这一首已可证明工部是一位温柔细腻的人。他到中年以后，遭值多难，家属离合，经过不少的酸苦。乱前他回家一次，小的儿子饿死了。他的诗道："……老妻寄异县，十口隔风雪。谁能久不顾，庶往共饥渴。入门闻号眺，幼子饿已卒。吾宁舍一哀，里巷亦呜咽。所愧为人父，无食致夭折。……"（《奉先咏怀》）乱后和家族隔绝，有一首诗："去年潼关破，妻子隔绝久。……自寄一封书，今已十月后。反畏消息来，寸心亦何有。……”（《述怀》）其后从贼中逃归，得和家族团聚，他有好几首诗写那时候的光景，《羌村三首》中的第一首：“峥嵘赤云西，日脚下平地。柴门鸟雀噪，归客千里至。妻孥怪我在，惊定还拭泪。世乱遭飘荡，生还偶然遂。邻人满墙头，感叹亦歔欷。夜阑更秉烛，相对如梦寐。”《北征》里头的一段：“况我堕胡尘，及归尽华发。经年至茅屋，妻子衣百结。恸哭松声回，悲泉共鸣咽。平生所娇儿，颜色白胜雪。见耶背面啼，垢腻脚不袜。床前两小女，补绽才过膝。海图坼波涛，旧绣移曲折。天吴及紫凤，颠倒在裋褐。老夫情怀恶，呕咽卧数日。那无囊中帛，救汝寒凛栗！粉黛亦解苞，衾裯稍罗列。瘦妻面复光，痴女头自栉。学母无不为，晓妆随手抹。移时施朱铅，狼藉画眉阔。生还对童稚，似欲忘饥渴。问事竞挽须，谁能即嗔喝。翻思在贼愁，甘受杂乱聒。”其后挈眷避乱，路上很苦。他有诗追叙那时隋况道：“忆昔避贼初，北走经险艰。夜深彭衙道，月照白水山。尽室久徒步，逢人多厚颜。……痴女饥咬我，啼畏虎狼闻。怀中掩其口，反侧声愈嗔。小儿强解事，故索苦李餐。一旬半雷雨，泥泞相牵攀。……”（《彭衙行》）他合家避乱到同谷县山中，又遇着饥荒，靠草根木皮活命，在他困苦的全生涯中，当以这时候为最甚。他的诗说：“长镵长镵白木柄，我生托子以为命。黄独无苗山雪盛，短衣数挽不掩胫。此时与子空归来，男呻女吟四壁静。……”（《同谷七歌》之二）以上所举各诗写他自己家庭状况，我替他起个名字叫作“半写实派”。他处处把自己主观的情感暴露，原不算写实派的作法。但如《羌村》《北征》等篇，多用第三者客观的资格，描写所观察得来的环境和别人情感，从极琐碎的断片详密刻画，确是近世写实派用的方法，所以可叫作半写实。这种作法，在中国文学界上，虽不敢说是杜工部首创，却可以说是杜工部用得最多而最妙。从前古乐府里头，虽然有些，但不如工部之描写入微。这类诗的好处，在真事愈写得详，真情愈发得透。我们熟读他，可以理会得“真即是美”的道理。

五

杜工部的“忠君爱国”，前人恭维他的很多，不用我再添话。他集中对于时事痛哭流涕的作品，差不多占四分之一，若把他分类研究起来，不惟在文学上有价值，而且在史料上有绝大价值。为时间所限，恕我不征引了。内中价值最大者，在能确实描写出社会状况，及能确实讴吟出时代心理。刚才举出半写实派的几首诗，是集中最通用的作法，此外还有许多是纯写实的。试举他几首："献凯日继踵，两蕃静无虞。渔阳豪侠地，击鼓吹笙竽。云帆转辽海，粳稻来东吴。越裳与楚练，照耀舆台躯。主将位益崇，气骄凌上都。边人不敢议，议者死路衢。"（《后出塞五首》之四）读这些诗，令人立刻联想到现在军阀的豪奢专横——尤其逼肖奉直战争前张作霖的状况。最妙处是不著一个字批评，但把客观事实直写，自然会令读者叹气或瞪眼。又如《丽人行》那首七古，全首将近二百字的长篇，完全立在第三者地位观察事实。从"三月三日天气新"，到"青鸟飞去衔红巾"，占全首二十六句中之二十四句，只是极力铺叙那种豪奢热闹情状，不惟字面上没有讥刺痕迹，连骨子里头也没有。直至结尾两句"炙手可热势绝伦，慎莫近前丞相嗔。"算是把主意一逗，但依然不著议论，完全让读者自去批评。这种可以说讽刺文学中之最高技术。因为人类对于某种社会现象之批评，自有共同心理，作家只要把那现象写得真切，自然会使读者心理起反应，若把读者心中要说的话，作者先替他倾吐无余，那便索然寡味了。杜工部这类诗，比白香山"新乐府"高一筹，所争就在此。《石壕吏》《垂老别》诸篇，所用技术，都是此类。

工部的写实诗，什有九属于讽刺类。不独工部为然，近代欧洲写实文学，那一家不是专写社会黑暗方面呢？但杜集中用写实法写社会优美方面的亦不是没有。如《遭田父泥饮》那篇："步屟随春风，村村自花柳。田翁逼社日，邀我尝春酒。酒酣夸新尹，畜眼未见有。回头指大男，'渠是弓弩手，名在飞骑籍，长番岁时久。前日放营农，辛苦救衰朽。差科死则已，誓不举家走。今年大作社，拾遗能住否？'叫妇开大瓶，盆中为吾取。……高声索果栗，欲起时被肘。指挥过无礼，未觉村野丑。月出遮我留，仍嗔问升斗。"这首诗把乡下老百姓极粹美的真性情，一齐活现。你看他父子夫妇间何等亲热；对于国家的义务心何等郑重；对于社交，何等爽快何等恳切。我们若把这首诗当个画题，可以把篇中各人的心理从面孔上传出，便成了一幅绝好的风俗画。我们须知道：杜集中关于时事的诗，以这类为最上乘。

六

工部写情，能将许多性质不同的情绪，归拢在一篇中，而得调和之美。例如《北征》篇，大体算是忧时之作。然而"青云动高兴，幽事亦可悦"以下一段，纯是玩赏天然之美。"夜深经战场，寒月照白骨"以下一段，凭吊往事。"况我堕胡尘"以下一大段，纯写家庭实况，忽然而悲，忽然而喜。"至尊尚蒙尘"以下一段，正面感慨时事，一面盼望内乱速平，一面又忧虑到凭藉回鹘外力的危险。"忆昨狼狈初"以下到篇末，把过去的事实，一齐涌到心上。像这许多杂乱情绪进在一篇，调和得恰可，非有绝大力量不能。

工部写情，往往愈拶愈紧，愈转愈深，像《哀王孙》那篇，几乎一句一意，试将现行新符号去点读他，差不多每句都须用"。"符或"；"符。他的情感，像一堆乱石，突兀在胸中，断断续续地吐出，从无条理中见条理，真极文章之能事。

工部写情，有时又淋漓尽致一口气说出，如八股家评语所谓"大开大合"。这种类不以曲折见长，然亦能极其美。集中模范的作品，如《忆昔行》第二首，从"忆昔开元全盛日"起到"叔孙礼乐萧何律"止，极力追述从前太平景象，从社会道德上赞美，令意义格外深厚。自"岂闻一缣直万钱"到"复恐初从乱离说"，翻过来说现在乱离景象，两两比对，令读者胆战肉跃。

工部还有一种特别技能，几乎可以说别人学不到。他最能用极简的语句，包括无限情绪，写得极深刻。如《喜达行在所三首》中第三首的头两句："死去凭谁报，归来始自怜。"仅仅十个字，把十个月内虎口余生的甜酸苦辣都写出来，这是何等魄力。又如前文所引《述怀》篇的"反畏消息来"五个字，写乱离中担心家中情状，真是惊心动魄。又如《垂老别》里头："势异邺城下，纵死时犹宽。"死是早已安排定了，只好拿期限长些做安慰[1]，这是何等沉痛。又如前文所引的："郑公纵得

---

①原文是写老妻送行时语——作者原注。

归，老病不识路。”明明知道他绝对不得归了，让一步虽得归，已经万事不堪回首。此外如“带甲满天地，胡为君远行。”（《送远》）“万方同一概，吾道竟何之。”（《秦州杂诗》）“国破山河在，城春草木深。”（《春望》）“亲朋无一字，老病有孤舟。”（《登岳阳楼》）“古往今来皆涕泪，断肠分手各风烟。”（《公安送韦二少府》）之类，都是用极少的字表极复杂极深刻的情绪，他是用洗炼工夫用得极到家，所以说“语不惊人死不休”，此其所以为文学家的文学。

悲哀愁闷的情感易写，欢喜的情感难写。古今作家中，能将喜情写得逼真的，除却杜集《闻官军收河南河北》外，怕没有第二首。那诗道：“剑外忽闻收蓟北，初闻涕泪满衣裳。却看妻子愁何在，漫卷诗书喜欲狂。白日放歌须纵酒，青春结伴好还乡。即从巴峡穿巫峡，便下襄阳向洛阳。”那种手舞足蹈情形，从心坎上奔进而出，我说他和古乐府的《公无渡河》是同一样笔法。彼是写忽然剧变的悲情，此是写忽然剧变的喜情，都是用快光镜照相照得的。

七

工部流连风景的诗比较少，但每有所作，一定于所咏的景物观察入微。便把那景物做象征，从里头印出情绪。如“竹凉侵卧内，野月满庭隅。重露成涓滴，稀星乍有无。暗飞萤自照，水宿鸟相呼。万事干戈里，空悲清夜徂。”（《倦夜》）题目是“倦夜”，景物从初夜写到中夜后夜，是独自一个人有心事，睡不着，疲倦无聊中所看出的光景、所写环境，句句和心理反应。又如“风急天高猿啸哀，渚清沙白鸟飞回。无边落木萧萧下，不尽长江滚滚来。……”（《登高》）虽然只是写景，却有一位老病独客秋天登高的人在里头。便不读下文“万里悲秋常作客，百年多病独登台”两句，已经如见其人了。又如“细草微风岸，危樯独夜舟。星垂平野阔，月涌大江流。……”（《旅夜书怀》）从寂寞的环境上领略出很空阔很自由的趣味。末两句说：“飘飘何所似，天地一沙鸥。”把情绪一点便醒。所以工部的写景诗，多半是把景做表情的工具。像王、孟、韦、柳的写景，固然也离不了情，但不如杜之情的分量多。

八

诗是歌的笑的好呀，还是哭的叫的好？换一句话说，诗的任务在赞美自然之美呀，抑在呼诉人生之苦？再换一句话说，我们应该为做诗而做诗呀，抑或应该为人生问题中某项目的而做诗？这两种主张，各有极强的理由，我们不能做极端的左右袒，也不愿做极端的左右袒。依我所见：人生目的不是单调的，美也不是单调的。为爱美而爱美，也可以说为的是人生目的，因为爱美本来是人生目的的一部分。诉人生苦痛，写人生黑暗，也不能不说是美。因为美的作用，不外令自己或别人起快感；痛楚的刺激，也是快感之一，例如肤痒的人，用手抓到出血，越抓越畅快。像情感恁么热烈的杜工部，他的作品，自然是刺激性极强，近于哭叫人生目的那一路，主张人生艺术观的人，固然要读他。但还要知道：他的哭声，是三板一眼地哭出来，节节含着真美；主张唯美艺术观的人，也非读他不可。我很惭愧，我的艺术素养浅薄，这篇讲演，不能充分发挥“情圣”作品的价值，但我希望这位情圣的精神，和我们的语言文字同其寿命，尤盼望这种精神有一部分注入现代青年文学家的脑里头。

科学精神与东西文化

八月二十日在南通为科学社年会讲演

一

今日我感觉莫大的光荣，得有机会在一个关系中国前途最大的学问团体——科学社——的年会来讲演。但我又非常惭愧而且惶恐，像我这样对于科学完全门外汉的人，怎样配在此讲演呢？这个讲题——《科学精神与东西文化》，是本社董事部指定要我讲的。我记得科学时代的笑话：有些不通秀才去应考，罚他先饮三斗墨汁，预备倒吊着滴些墨点出来。我今天这本考卷，只算倒吊着滴墨汁，明知一定见笑大方，但是句句话都是表示我们门外汉对于门内的“宗庙之美，百官之富”如何欣羡、如何崇敬、如何爱恋的一片诚意。我希望国内不懂科学的人或是素来看轻科学、讨厌科学的人，听我这番话得多少觉悟，那么，便算我个人对于本社一点贡献了。

近百年来科学的收获如此其丰富：我们不是鸟，也可以腾空；不是鱼，也可以入水；不是神仙，也可以和几百千里外的人答话……诸如此类，哪一件不是受科学之赐？任凭怎么顽固的人，谅来“科学无用”这句话，再不会出诸口了。然而中国为什么直到今日还得不着科学的好处？直到今日依然成为“非科学的国民”呢？我想，中国人对于科学的态度，有根本不对的两点：

其一，把科学看得太低了、太粗了。我们几千年来的信条，都说的“形而上者谓之道，形而下者谓之器”，“德成而上，艺成而下”这一类话。多数人以为科学无论如何如何高深，总不过属于艺和器那部分，这部分原是学问的粗迹，懂得不算稀奇，不懂得不算耻辱。又以为，我们科学虽不如人，却还有比科学更宝贵的学问——什么超凡入圣的大本领，什么治国平天下的大经纶，件件都足以自豪，对于这些粗浅的科学，顶多拿来当一种补助学问就够了。因为这种故见横亘在胸中，所以从郭筠仙、张香涛这班提倡新学的先辈起，都有两句自鸣得意的话，说什么“中学为体，西学为用”。这两句话现在虽然没有从前那么时髦了，但因为话里的精神和中国人脾胃最相投合，所以话的效力，直到今日，依然为变相的存在。老先生们不用说了，就算这几年所谓新思潮、所谓新文化运动，不是大家都认为蓬蓬勃勃有生气吗？试检查一检查他的内容，大抵最流行的莫过于讲政治上、经济上这样主义那样主义，我替他起个名字，叫作西装的治国平天下大经纶；次流行的莫过于讲哲学上、文学上这种精神那种精神，我也替他起个名字，叫作西装的超凡入圣大本领。至于那些脚踏实地平淡无奇的科学，试问有几个人肯去讲求——学校中能够有几处像样子的科学讲座？有了，几个人肯去听？出版界能够有几部有价值的科学书，几篇有价值的科学论文？有了，几个人肯去读？我固然不敢说现在青年绝对的没有科学兴味，然而兴味总不如别方面浓。须知，这是积多少年社会心理遗传下来！对于科学认为“艺成而下”的观念，牢不可破，直到今日，还是最爱说空话的人最受社会欢迎。做科学的既已不能如别种学问之可以速成，而又不为社会所尊重，谁肯埋头去学他呢？

其二，把科学看得太呆了、太窄了。那些绝对的鄙厌科学的人且不必责备，就是相对的尊重科学的人，还是十个有九个不了解科学性质。他们只知道科学研究所产结果的价值，而不知道科学本身的价值；他们只有数学、几何学、物理学、化学等等概念，而没有科学的概念。他们以为学化学便懂化学，学几何便懂几何，殊不知并非化学能教人懂化学，几何能教人懂几何，实在是科学能教人懂化学和几何；他们以为只有化学、数学、物理、几何等等才算科学，以为只有学化学、数学、物理、几何等等才用得着科学，殊不知所有政治学、经济学、社会学等等，只要够得上一门学问的，没有不是科学。我们若不拿科学精神去研究，便做那一门子学问也做不成。中国人因为始终没有懂得“科学”这个字的意义，所以五十年前很有人奖励学制船、学制炮，却没有人奖励科学；近十几年学校里都教的数学、几何、化学、物理，但总不见教会人做科学。或者说：只有理科、工科的人们才要科学，我不打算当工程师，不打算当理化教习，何必要科学？中国人对于科学的看法大率如此。

我大胆说一句话：中国人对于科学这两种态度倘若长此不变，中国人在世界上便永远没有学问的独立，中国人不久必要成为现代被淘汰的国民。

二

科学精神是什么？我姑从最广义解释："有系统之真智识，叫作科学，可以教人求得有系统之真智识的方法，叫作科学精神。"这句话要分三层说明：

第一层，求真智识。智识是一般人都有的，乃至连动物都有。科学所要给我们的，就争一个"真"字。一般人对于自己所认识的事物，很容易便信以为真，但只要用科学精神研究下来，越研究便越觉求真之难。譬如说"孔子是人"，这句话不消研究，总可以说是真，因为人和非人的分别是很容易看见的。譬如说"老虎是恶兽"，这句话真不真便待考了。欲证明它是真，必要研究兽类具备某种某种性质才算恶，看老虎果曾具备了没有？若说老虎杀人算是恶，为什么人杀老虎不算恶？若说杀同类算是恶，只听见有人杀人，从没听见老虎杀老虎，然则人容或可以叫作恶兽，老虎却绝对不能叫作恶兽了。譬如说"性是善"，或说"性是不善"，这两句话真不真，越发待考了。到底什么叫作"性"？什么叫作"善"？两方面都先要弄明白。倘如孟子说的性咧，情咧，才咧，宋儒说的义理咧，气质咧，闹成一团糟，那便没有标准可以求真了。譬如说"中国现在是共和政治"，这句话便很待考。欲知它真不真，先要把共和政治的内容弄清楚，看中国和它合不合。譬如说"法国是共和政治"，这句话也待考。欲知它真不真，先要问"法国"这个字所包范围如何，若安南也算法国，这句话当然不真了。看这几个例，便可以知道，我们想对于一件事物的性质得有真知灼见，很是不容易。要钻在这件事物里头去研究，要绕着这件事物周围去研究，要跳在这件事物高头去研究，种种分析研究结果，才把这件事物的属性大略研究出来，算是从许多相类似容易混杂的个体中，发现每个个体的特征。换一个方向，把许多同有这种特征的事物，归成一类，许多类归成一部，许多部归成一组，如是综合研究的结果，算是从许多各自分离的个体中，发现出它们相互间的普遍性。经过这种种工夫，才许你开口说“某件事物的性质是怎么样”。这便是科学第一件主要精神。

第二层，求有系统的真智识。智识不但是求知道一件事物便了，还要知道这件事物和那件事物的关系，否则零头断片的智识全没有用处。知道事物和事物相互关系，而因此推彼，得从所已知求出所未知，叫作有系统的智识。系统有二：一竖，二横。横的系统，即指事物的普遍性——如前段所说。竖的系统，指事物的因果律——有这件事物，自然会有那件事物；必须有这件事物，才能有那件事物；倘若这件事物有如何如何的变化，那件事物便会有或才能有如何如何的变化——这叫作因果律。明白因果，是增加新智识的不二法门，因为我们靠他，才能因所已知推见所未知；明白因果，是由智识进到行为的向导，因为我们预料结果如何，可以选择一个目的做去。虽然，因果是不轻容易谭的：第一，要找得出证据；第二，要说得出理由。因果律虽然不能说都要含有“必然性”，但总是愈逼近“必然性”愈好，最少也要含有很强的“盖然性”，倘若仅属于“偶然性”的，便不算因果律。譬如说：“晚上落下去的太阳，明早上一定再会出来。”说：“倘若把水煮过了沸度，他一定会变成蒸汽。”这等算是含有必然性，因为我们积千千万万回的经验，却没有一回例外；而且为什么如此，可以很明白说出理由来。譬如说：“冬间落去的树叶，明年春天还会长出来。”这句话便待考。因为再长出来的并不是这块叶，而且这树也许碰着别的变故再也长不出叶来。譬如说：“西边有虹霓，东边一定有雨。”这句话越发待考。因为虹霓不是雨的原因，它是和雨同一个原因，或者还是雨的结果。翻过来说：“东边有雨，西边一定有虹霓。”这句话也待考。因为雨虽然可以为虹霓的原因，却还须有别的原因凑拢在一处，虹霓才会出来。譬如说：“不孝的人要遭雷打。”这句话便大大待考。因为虽然我们也曾听见某个不孝人遭雷，但不过是偶然的一回，许多不孝的人不见得都遭雷，许多遭雷的东西不见得都不孝；而且宇宙间有个雷公会专打不孝人，这些理由完全说不出来。譬如说：“人死会变鬼。”这句话越发大大待考。因为从来得不着绝对的证据，而且绝对的说不出理由。譬如说：“治极必乱，乱极必治。”这句话便很要待考。因为我们从中国历史上虽然举出许多前例，但说治极是乱的原因，乱极是治的原因，无论如何，总说不下去。譬如说："中国行了联省自治制后，一定会太平。"这话也待考。因为联省自治虽然有致太平的可能性，无奈我们未曾试过。看这些例，便可知我们想应用因果律求得有系统的智识，实在不容易。总要积无数的经验——或照原样子继续忠实观察，或用人为的加减改变试验，务找出真凭实据，才能确定此事物与彼事物之关系。这还是第一步。再进一步，凡一事物之成毁，断不止一个原因，知道甲和乙的关系还不够，又要知道甲和丙、丁、戊等等关系。原因之中又有原因，想真知道乙和甲的关系，便须先知道乙和庚、庚和辛、辛和壬等等关系。不经过这些工夫，贸贸然下一个断案，说某事物和某事物有何等关系，便是武断，便是非科学的。科学家以许多有证据的事实为基础，逐层逐层看出它们的因果关系，发明种种含有必然性或含有极强盖然性的原则，好像拿许多结实麻绳组织成一张网，这网愈织愈大，渐渐地函盖到这一组知识的全部，便成了一门科学。这是科学第二件主要精神。

第三层，可以教人的智识。凡学问有一个要件，要能"传与其人"。人类文化所以能成立，全由于一人的智识能传给多数人，一代的智识能传给次代。我费了很大的工夫得一种新知识，把它传给别人，别人费比较小的工夫承受我的智识之全部或一部，同时腾出别的工夫又去发明新智识。如此教学相长，递相传授，文化内容自然一日一日地扩大。倘若智识不可以教人，无论这项智识怎样的精深博大，也等于"人亡政息"，于社会文化绝无影响。中国凡百学问，都带一种"可以意会，不可以言传"的神秘性，最足为智识扩大之障碍。例如医学，我不敢说中国几千年没有发明，而且我还信得过确有名医。但总没有法传给别人，所以今日的医学，和扁鹊、仓公时代一样，或者还不如。又如修习禅观的人，所得境界，或者真是圆满庄严，但只好他一个人独享，对于全社会文化竟不发生丝毫关系。中国所有学问的性质，大抵都是如此。这也难怪。中国学问，本来是由几位天才绝特的人"妙手偶得"——本来不是按部就班地循着一条路去得着，何从把一条应循之路指给别人？科学家恰恰相反，他们一点点智识，都是由艰苦经验得来；他们说一句话总要举出证据，自然要将证据之如何搜集、如何审定一概告诉人；他们主张一件事总要说明理由，理由非能够还原不可，自然要把自己思想经过的路线，顺次详叙。所以别人读他一部书或听他一回讲义，不惟能够承受他研究所得之结果，而且一并承受他如何能研究得此结果之方法，而且可以用他的方法来批评他的错误。方法普及于社会，人人都可以研究，自然人人都会有发明。这是科学第三件主要精神。

三

中国学术界，因为缺乏这三种精神，所以生出如下之病症：

一、笼统　标题笼统——有时令人看不出他研究的对象为何物。用语笼统——往往一句话容得几方面解释。思想笼统——最爱说大而无当不着边际的道理，自己主张的是什么，和别人不同之处在那里，连自己也说不出。

二、武断　立说的人，既不必负找寻证据、说明理由的责任，判断下得容易，自然流于轻率。许多名家著述，不独违反真理而且违反常识的，往往而有。既已没有讨论学问的公认标准，虽然判断谬误，也没有人能驳他，谬误便日日侵蚀社会人心。

三、虚伪　武断还是无心的过失。既已容许武断，便也容许虚伪。虚伪有二：（一）语句上之虚伪。如隐匿真证、杜撰假证或曲说理由，等等。（二）思想内容之虚伪。本无心得，貌为深秘，欺骗世人。

四、因袭　把批评精神完全消失，而且没有批评能力，所以一味盲从古人，剿窃些绪余过活。所以思想界不能有弹力性，随着时代所需求而开拓，倒反留着许多沉淀废质，在里头为营养之障碍。

五、散失　间有一两位思想伟大的人，对于某种学术有新发明，但是没有传授与人的方法，这种发明，便随着本人的生命而中断。所以他的学问，不能成为社会上遗产。

以上五件，虽然不敢说是我们思想界固有的病症，这病最少也自秦汉以来受了二千年。我们若甘心抛弃文化国民的头衔，那更何话可说！若还舍不得吗？试想：二千年思想界内容贫乏到如此，求学问的途径榛塞到如此，长此下去，何以图存？想救这病，除了提倡科学精神外，没有第二剂良药了。

我最后还要补几句话：我虽然照董事部指定的这个题目讲演，其实科学精神之有无，只能用来横断新旧文化，不能用来纵断东西文化。若说欧美人是天生成科学的国民，中国人是天生成非科学的国民，我们可绝对不能承认。拿我们战国时代和欧洲希腊时代比较，彼此都不能说是有现代这种崭新的科学精神，彼此却也没有反科学的精神。秦汉以后，反科学精神弥漫中国者二千年；罗马帝国以后，反科学精神弥漫于欧洲者也一千多年。两方比较，我们隋唐佛学时代，还有点“准科学的”精神不时发现，只有比他们强，没有比他们弱。我所举五种病症，当他们教会垄断学问时代，件件都有；直到文艺复兴以后，渐渐把思想界的健康恢复转来，所谓科学者，才种下根苗；讲到枝叶扶疏，华实烂漫，不过最近一百年内的事。一百年的先进后进，在历史上值得计较吗？只要我们不讳疾忌医，努力服这剂良药，只怕将来生天[①]成佛，未知谁先谁后哩！我祝祷科学社能做到被国民信任的一位医生，我祝祷中国文化添入这有力的新成分，再放异彩！

①“生天”疑为“升天”的讹误。

美术与生活

八月十三日在上海美术专门学校讲演

诸君，我是不懂美术的人，本来不配在此讲演。但我虽然不懂美术，却十分感觉美术之必要。好在今日在座诸君，和我同一样的门外汉谅也不少。我并不是和懂美术的人讲美术，我是专要和不懂美术的人讲美术。因为人类固然不能个个都做供给美术的"美术家"，然而不可不个个都做享用美术的"美术人"。

"美术人"这三个字是我杜撰的，谅来诸君听着很不顺耳。但我确信"美"是人类生活一要素——或者还是各种要素中之最要者，倘若在生活全内容中把"美"的成分抽出，恐怕便活得不自在甚至活不成。中国向来非不讲美术——而且还有很好的美术，但据多数人见解，总以为美术是一种奢侈品，从不肯和布帛菽粟一样看待，认为生活必需品之一。我觉得中国人生活之不能向上，大半由此。所以今日要标"美术与生活"这题，特和诸君商榷一回。

问人类生活于什么，我便一点不迟疑答道："生活于趣味。"这句话虽然不敢说把生活全内容包举无遗，最少也算把生活根芽道出。人若活得无趣，恐怕不活着还好些，而且勉强活也活不下去。人怎样会活得无趣呢？第一种，我叫他作石缝的生活：挤得紧紧的，没有丝毫开拓余地，又好像披枷带锁，永远走不出监牢一步。第二种，我叫他作沙漠的生活：干透了，没有一毫润泽，板死了，没有一毫变化，又好像蜡人一般，没有一点血色，又好像一株枯树，庾子山说的"此树婆娑，生意尽矣"。这种生活是否还能叫作生活，实属一个问题。所以我虽不敢说趣味便是生活，然而敢说没趣便不成生活。

趣味之必要既已如此，然则趣味之源泉在哪里呢？依我看有三种：

第一，对境之赏会与复现。人类任操何种卑下职业，任处何种烦劳境界，要之总有机会和自然之美相接触——所谓水流花放，云卷月明，美景良辰，赏心乐事。只要你在一刹那间领略出来，可以把一天的疲劳忽然恢复，把多少时的烦恼丢在九霄云外。倘若能把这些影像印在脑里头，令他不时复现，每复现一回，亦可以发生与初次领略时同等或仅较差的效用。人类想在这种尘劳世界中得有趣味，这便是一条路。

第二，心态之抽出与印契。人类心理，凡遇着快乐的事，把快乐状态归拢一想，越想越有味，或别人替我指点出来，我的快乐程度也增加。凡遇着苦痛的事，把苦痛倾筐倒箧吐露出来，或别人能够看出我苦痛替我说出，我的苦痛程度反会减少。不惟如此，看出说出别人的快乐，也增加我的快乐；替别人看出说出苦痛，也减少我的苦痛。这种道理，因为各人的心都有个微妙的所在，只要搔着痒处，便把微妙之门打开了。那种愉快，真是得未曾有，所以俗话叫作“开心”。我们要求趣味，这又是一条路。

第三，他界之冥构与蓦进。对于现在环境不满，是人类普通心理，其所以能进化者亦在此。就令没有什么不满，然而在同一环境之下生活久了，自然也会生厌。不满尽管不满，生厌尽管生厌，然而脱离不掉他，这便是苦恼根原。然则怎么救济法呢？肉体上的生活，虽然被现实的环境捆死了，精神上的生活，却常常对于环境宣告独立。或想到将来希望如何如何，或想到别个世界，例如文学家的桃源，哲学家的乌托邦，宗教学的天堂、净土如何如何，忽然间超越现实界闯入理想界去，便是那人的自由天地。我们欲求趣味，这又是一条路。

第三种趣味，无论何人都会发动的。但因各人感觉机关用得熟与不熟，以及外界帮助引起的机会有无多少，于是趣味享用之程度，生出无量差别。感觉器官敏则趣味增，感觉器官钝则趣味减；诱发机缘多则趣味强，诱发机缘少则趣味弱。专从事诱发以刺戟[①]各人器官，不使钝的，有三种利器：一是文学，二是音乐，三是美术。

今专从美术讲。美术中最主要的一派，是描写自然之美，常常把我们所曾经赏会，或像是曾经赏会的都复现出来。我们过去赏会的影子印在脑中，因时间之经过渐渐淡下去，终必有不能复现之一日，趣味也跟着消灭了。一幅名画在此，看一回便复现一回，这画存在，我的趣味便永远存在。不惟如此，还有许多我们从前不注意，赏会不出的，它都写

①今多写为“刺激”。

出来指导我们赏会的路，我们多看几次，便懂得赏会方法，往后碰着种种美境，我们也增加许多赏会资料了。这是美术给我们趣味的第一件。

美术中有刻画心态的一派，把人的心理看穿了，喜、怒、哀、乐，都活跳在纸上。本来是日常习见的事，但因他写得唯妙唯肖，便不知不觉间把我们的心弦拨动，我快乐时看它便增加快乐，我苦痛时看它便减少苦痛。这是美术给我们趣味的第二件。

美术中有不写实境、实态而纯凭理想构造成的。有时我们想构一境，自觉模糊断续不能构成，被他都替我表现了，而且他所构的境界种种色色，有许多为我们所万想不到，而且他所构的境界优美高尚，能把我们卑下平凡的境界压下去。他有魔力，能引我们跟着他走，闯进他所到之地。我们看他的作品时，便和他同住一个超越的自由天地。这是美术给我们趣味的第三件。

要而论之，审美本能是我们人人都有的。但感觉器官不常用或不会用，久而久之麻木了。一个人麻木，那人便成了没趣的人；一民族麻木，那民族便成了没趣的民族。美术的功用，在把这种麻木状态恢复过来，令没趣变为有趣。换句话说，是把那渐渐坏掉了的爱美胃口，替他复原，令他常常吸受趣味的营养，以维持增进自己的生活康健。明白这种道理，便知美术这样东西在人类文化系统上该占何等位置了。

以上是专就一般人说。若就美术家自身说，他们的趣味生活，自然更与众不同了。他们的美感，比我们锐敏若干倍，正如《牡丹亭》说的“我常一生儿爱好是天然”。我们领略不着的趣味，他们都能领略，领略够了，终把些唾余分赠我们。分赠了我们，他们自己并没有一毫破费，正如老子说的“既以为人，己愈有；既以与人，己愈多”。假使“人生生活于趣味”这句话不错，他们的生活真是理想生活了。

今日的中国，一方面要多出些供给美术的美术家，一方面要普及养成享用美术的美术人。这两件事都是美术专门学校的责任，然而该怎样的督促赞助美术专门学校，叫他完成这责任，又是教育界乃至一般市民的责任。我希望海内美术大家和我们不懂美术的门外汉各尽责任做去。

五十年中国进化概论

一

申报馆里的朋友，替他们“馆翁申老先生”做五十整寿，出了许多题目找人做寿文，把这个题目派给我。呵呵，恰好我和这位“申老先生”是同庚，只怕我还是忝长几天的老哥哥哩。所以我对于这篇寿文，倒有点特别兴味。

却是一件，我们做文章的人，最怕人出题目叫我做。因为别人标的题，不见得和我所要说的话内容一致。我到底该做他的题呀，还是该说我的话呢？即如这个题目，头一桩受窘的是范围太广阔，若要做一篇名副其实的文章，恐怕非几十万字不可；再不然，我可以说一句“请看本书第二、第三两编里头那几十篇大文”，我便交白卷完事。第二桩受窘的是目的太窄酷，题目是五十年的进化，许我说他的退化不呢？既是庆寿文章，逼着要带几分“善颂善祷”的应制体裁，那末，可是更难着笔了。既已硬派我在这个题目底下做文章，我却有两段话须得先声明：第一，我所说的不能涉及中国全部事项，因为对于逐件事项观察批评，我没有这种学力。我若是将某件某件如何进步说个大概，我这篇文章，一定变成肤廓滥套的墨卷。我劝诸君，不如看下边那几十篇大文好多着哩。诸君别要误认我这篇是下边几十篇的总括，我不过将我下笔时候所感触的几件事随便写下来，绝无组织，绝无体例。老实说，我这篇只算是“杂感”，不配说是“概论”。第二，题目标的是“进化”，我自然不能不在进化范围内说，但要我替中国瞎吹，我却不能。我对于我们所亲爱的国家，固然想“隐恶而扬善”，但是他老人家有什么毛病，我们也不应该“讳疾忌医”，还是直说出来大家想法子补救补救才好。所以我虽说他进化，那不进化的地力，也常常提及。这样说来，简直是“文不对题”了。好吗，就把不对题的文胡乱写出来。

二

有一件大事，是我们五千年来祖宗的继续努力，从没有间断过的，近五十年，依然猛烈进行，而且很有成绩。是件什么事呢？我起他一个名，叫作“中华民族之扩大”。原来我们中华民族，起初不过小小几个部落，在山东、河南等处地方得些根据地，几千年间，慢慢地长……长……长成一个硕大无朋的巨族，建设这泱泱雄风的大国。他长的方法有两途：第一是把境内境外无数的异族叫他同化于我，第二是本族的人年年向边境移殖，把领土扩大了。五千年来的历史，都是向这条路线进行，我也不必搬多少故事来作证了。近五十年，对于这件事，有几方面成功很大，待我说来：一、洪杨乱后，跟着西南地方有苗乱，蔓延很广，费了十几年工夫才平定下来。这一次平定，却带几分根本解决性质，从此以后，我敢保中国再不会有“苗匪”这名词了。原来我族对苗族，乃是黄帝、尧、舜以来一桩大公案，闹了几千年，还没有完全解决，在这五十年内，才把黄帝伐蚩尤那篇文章做完最末的一段，确是历史上值得特笔大书的一件事。二、辛亥革命，满清逊位，在政治上含有很大意义，下文再说，专就民族扩大一方面看来，那价值也真不小。原来东胡民族，和我们捣乱捣了一千七八百年，五胡南北朝时代的鲜卑，甚么慕容燕、拓拔魏、宇文周，唐宋以后，契丹跑进来叫作辽，女真跑进来叫作金，满洲跑进来叫作清，这些都是东胡族。我们吃他们的亏真算吃够了，却是跑进来过后，一代一代的都被我们同化。最后来的这帮满洲人，盘据是盘据得最久，同化也同化得最透。满洲算是东胡民族的大总汇，也算是东胡民族的大结束。近五十年来，满人的汉化，以全速率进行，到了革命后个个满人头上都戴上一个汉姓，从此世界上可真不会有满洲人了。这便是把二千年来的东胡民族，全数融纳进来，变了中华民族的成分，这是中华民族扩大的一大段落。三、内地人民向东北、西北两方面发展，也是近五十年一大事业。东三省这块地方，从前满洲人预备拿来做退归的老巢，很用些封锁手段，阻止内地人移殖。自从经过中日、日俄几场战争，这块地方变成四战之区，交通机关大开，经济现状激变。一方面虽然许多利权落在别人手上，一方面关内外人民关系之密度，确比从前增加好些，东三省人和山东、直隶人渐渐打成一片了。再看西北方面，自从左宗棠开府甘陕，内地的势力日日往那边膨胀，光绪间新疆改建行省，于是两汉以来始终和我们若即若离的西域三十六国，算是完全编入中国版图，和内地一样了。这种民族扩大的势力，现在还日日向各方面进行。外蒙古、阿尔泰、青海、川边等处，都是在进步活动中。四、海外殖民事业，也在五十年间很有发展。从前南洋一带，自明代以来，闽粤人已经大行移殖，近来跟着欧人商权的发达，我们侨民的经济势力，也确立得些基础。还有美洲、澳洲等处，从前和我们不相闻问，如今华侨移住，却成了世界问题了。这都是近五十年的事，都是我们民族扩大的一种表征。

民族扩大，是最可庆幸的一件事。因此可以证明我们民族正在青春时代，还未成年，还天天在那里长哩。这五十年里头，确能将几千年未了的事业了他几桩，不能不说是国民努力的好结果。最可惜的，有几方面完全失败了：第一是台湾，第二是朝鲜，第三是安南。台湾在这五十年内的前半期，很成了发展的目的地，和新疆一样，到后半期被人抢去了。朝鲜和安南，都是祖宗屡得屡失的基业，到我们手上完全送掉。海外殖民，也到处被人迎头痛击。须知我们民族会往前进，别的民族也会往前进，今后我们若是没有新努力，恐怕只有兜截转来，再没有机会能继续扩大了。

三

学问和思想的方面，我们不能不认为已经有多少进步，而且确已替将来开出一条大进步的路径。这里头最大关键，就是科举制度之扑灭。科举制度，有一千多年的历史，真算得深根固蒂。它那最大的毛病，在把全国读书人的心理都变成虚伪的、因袭的、笼统的，把学问思想发展的源泉都堵住了。废科举的运动，在这五十年内的初期，已经开始，郭嵩焘、冯桂芬等辈，都略略发表这种意见，到“戊戌维新”前后，当时所谓新党如康有为、梁启超一派，可以说是用全副精力对于科举制度施行总攻击。前后约十年间，经了好几次波折，到底算把这件文化障碍物打破了。如今过去的陈迹，很像平常，但是用历史家眼光看来，不能不算是五十年间一件大事。

这五十年间我们有什么学问可以拿出来见人呢？说来惭愧，简直可算得没有。但是这些读书人的脑筋，却变迁得真厉害。记得光绪二年有位出使英国大臣郭嵩焘，做了一部游记，里头有一段，大概说："现在的夷狄，和从前不同，他们也有二千年的文明。"嗳哟，可了不得，这部书传到北京，把满朝士大夫的公愤都激动起来了，人人唾骂，日日奏参，闹到奉旨毁板才算完事。曾几何时，到如今"新文化运动"这句话，成了一般读书社会的口头禅。马克思差不多要和孔子争席，易卜生差不多要推倒屈原。这种心理对不对，另一问题，总之这四十几年间思想的剧变，确为从前四千余年所未尝梦见。比方从前思想界是一个死水的池塘，虽然许多浮萍荇藻掩映在面上，却是整年价动也不动，如今居然有了"源泉混混，不舍昼夜"的气象了。虽然他流动的方向和结果，现在还没有十分看得出来，单论他由静而动的那点机势，谁也不能不说他是进化。

古语说得好："学然后知不足。"近五十年来，中国人渐渐知道自己的不足了。这点子觉悟，一面算是学问进步的原因，一面也算是学问进步的结果。第一期，先从器物上感觉不足。这种感觉，从鸦片战争后渐渐发动，到同治年间借了外国兵来平内乱，于是曾国藩、李鸿章一班人，很觉得外国的船坚炮利，确是我们所不及，对于这方面的事项，觉得有舍己从人的必要，于是福建船政学堂、上海制造局等等渐次设立起来。但这一期内，思想界受的影响很少，其中最可纪念的，是制造局里头译出几部科学书。这些书现在看起来虽然很陈旧、很肤浅，但那群翻译的人，有几位颇忠实于学问。他们在那个时代，能够有这样的作品，其实是亏他。因为那时读书人都不会说外国话，说外国话的都不读书，所以这几部译本书，实在是替那第二期"不懂外国话的西学家"开出一条血路了。第二期，是从制度上感觉不足。自从和日本打了一个败仗下来，国内有心人，真像睡梦中着一个霹雳，因想道，堂堂中国为什么衰败到这田地，都为的是政制不良，所以拿"变法维新"做一面大旗，在社会上开始运动，那急先锋就是康有为、梁启超一班人。这班人中国学问是有底子的，外国文却一字不懂。他们不能告诉人"外国学问是什么，应该怎么学法"，只会日日大声疾呼，说："中国旧东西是不够的，外国人许多好处是要学的。"这些话虽然像是囫囵，在当时却发生很大的效力。他们的政治运动，是完全失败，只剩下前文说的废科举那件事，算是成功了。这件事的确能够替后来打开一个新局面，国内许多学堂，外国许多留学生，在这期内蓬蓬勃勃发生。第三期新运动的种子，也可以说是从这一期播殖下来。这一期学问上最有价值的出品，要推严复翻译的几部书，算是把十九世纪主要思潮的一部分介绍进来，可惜国里的人能够领略的太少了。第三期，便是从文化根本上感觉不足。第二期所经过时间比较长——从甲午战役起到民国六七年间止。约二十年的中间，政治界虽变迁很大，思想界只能算同一个色彩。简单说，这二十年间，都是觉得我们政治、法律等等，远不如人，恨不得把人家的组织形式，一件件搬进来，以为但能够这样，万事都有办法了。革命成功将近十年，所希望的件件都落空，渐渐有点废然思返，觉得社会文化是整套的，要拿旧心理运用新制度，决计不可能，渐渐要求全人格的觉悟。恰值欧洲大战告终，全世界思潮都添许多活气，新近回国的留学生，又很出了几位人物，鼓起勇气做全部解放的运动。所以最近两三年间，算是划出一个新时期来了。这三期间思想的进步，试把前后期的人物做个尺度来量他一下，便很明白：第一期，如郭嵩焘、张佩纶、张之洞等辈，算是很新很新的怪物。到第二期时，嵩焘、佩纶辈已死去，之洞却还在。之洞在第二期前半，依然算是提倡风气的一个人，到了后半，居然成了老朽思想的代表了。在第二期，康有为、梁启超、章炳麟、严复等辈，都是新思想界勇士，立在阵头最前的一排。到第三期时，许多新青年跑上前线，这些人一趟一趟被挤落后，甚至已经全然退伍了。这种新陈代谢现象，可以证明这五十年间思想界的血液流转得很快，可以证明思想界的体气实已渐趋康强。

拿过去若干个五十年和这个五十年来比，这五十年诚然是进化了；拿我们这五十年和别人家的这五十年来比，我们可是惭愧无地。试看：这五十年的美国何如，这五十年的日本何如，这五十年的德国何如，这五十年的俄国何如？他们政治上虽然成败不同，苦乐不等，至于学问思想界，真都算得一日千里！就是英法等老国，又哪一个不是往前飞跑？我们闹新学闹了几十年，试问：科学界可曾有一两件算得世界的发明，艺术家可曾有一两种供得世界的赏玩，出版界可曾有一两部充得世界的著述？唉，只好等第三期以后看怎么样罢。

四

“五十年里头，别的事都还可以勉强说是进化，独有政治，怕完全是退化吧”这句话，几乎万口同声都是这样说，连我也很难得反对。虽然，从骨子里看来，也可以说这五十年的中国，最进化的便是政治。原来政治是民意所造成，不独“德谟克拉西”政治是建设在多数人意识之上，即独裁政治、寡头政治，也是建设在多数人意识之上。无论何种政治，总要有多数人积极地拥护——最少亦要有多数人消极地默认，才能存在。所以国民对于政治上的自觉，实为政治进化的总根源。这五十年来中国具体的政治，诚然可以说只有退化并无进化，但从国民自觉的方面看来，那意识确是一日比一日鲜明，而且一日比一日扩大、自觉。觉些甚么呢？第一，觉得凡不是中国人都没有权来管中国的事。第二，觉得凡是中国人都有权来管中国的事。第一种是民族建国的精神，第二种是民主的精神。这两种精神，从前并不是没有，但那意识常在睡眠状态之中，蒙蒙眬眬的，到近五十年——实则是近三十年——却很鲜明地表现出来了。我敢说，自从满洲退位以后，若再有别个民族想抄袭五胡、元魏、辽、金、元、清那套旧文章再来“入主中国”。那可是海枯石烂不会出来的事。我敢说，已经挂上的民国招牌，从今以后千千万万年再不会卸下，任凭你像尧、舜那么贤圣，像秦始皇、明太祖那么强暴，像曹操、司马懿那么狡猾，再要想做中国皇帝，乃永远没有人答应。这种事实，你别要看轻它了，别要说它只有空名并无实际。古语说得好：“名者实之宾。”凡事能够在社会上占得个“正名定分”，那么，第二步的“循名责实”自然会跟着来。总之在最近三十年间我们国民所做的事业：第一件，是将五胡乱华以来一千多年外族统治的政治根本铲除；第二件，是将秦始皇以来二千多年君主专制的政治永远消灭。而且这两宗事业，并非无意识的偶然凑会，的确是由人民一种根本觉悟经了很大的努力，方才做成。就这一点看来，真配得上“进化”这两个字了。

民国成立这十年来，政治现象诚然令人呕气，但我以为不必失望。因为这是从两个特别原因造成，然而这些原因都快要消灭了。第一件，革命时候，因为人民自身力量尚未充足，不能不借重固有势力来做应援。这种势力，本来是旧时代的游魂。旧时代是有二千多年历史的，他那游魂，也算得“取精用宏”，一二十年的猖獗，势所难免。如今他的时运，也过去大半了，不久定要完全消灭，经过一番之后，政治上的新时代，自然会产生出来①。第二件，社会上的事物，一张一弛，乃其常态。从甲午、戊戌到辛亥，多少仁人志士，实在是闹得疲筋力倦，中间自然会发生一时的惰力。尤为可惜的，是许多为主义而奋斗的人物，都做了时代的牺牲死去了。后起的人，一时接不上气来，所以中间这一段，倒变成了黯然无色。但我想这时代也过去了，从前的指导人物，像是已经喘过一口气，重新觉悟，重新奋斗，后方的战斗力，更是一天比一天加厚。在这种形势之下，当然有一番新气象出来。

要而言之，我对于中国政治前途，完全是乐观的。我的乐观，却是从一般人的悲观上发生出来。我觉得这五十年来的中国，正像蚕变蛾、蛇蜕壳的时代。变蛾蜕壳，自然是一件极艰难、极苦痛的事，哪里能够轻轻松松地做到。只要他生理上有必变必蜕的机能，心理上还有必变必蜕的觉悟，那么，把那不可逃避的艰难苦痛经过了，前途便别是一个世界。所以我对于人人认为退化的政治，觉得他进化的可能性却是最大哩。

五

此外，社会上各种进化状况，实在不少，可惜我学力太薄，加以时日仓卒，不能多举了。好在还有各位专门名家的论著，可以发挥光大。我姑且把我个人的“随感”胡乱写出来，并且表示我愿意和我们老同年“申老先生”继续努力。

①不是委心任命的话，其实事理应该如此——作者原注。

屈原研究

十一年十一月三日为东南大学文哲学会讲演

一

中国文学家的老祖宗，必推屈原。从前并不是没有文学，但没有文学的专家。如《三百篇》及其他古籍所传诗歌之类，好的固不少，但大半不得作者主名，而且篇幅也很短。我们读这类作品，顶多不过可以看出时代背景或时代思潮的一部分。欲求表现个性的作品，头一位就是要研究屈原。

屈原的历史，在《史记》里头有一篇很长的列传，算是我们研究史料的人可欣慰的事。可惜议论太多，事实仍少。我们最抱歉的，是不能知道屈原生卒年岁和他所享年寿。据传文大略推算，他该是西纪前三三八至二八八年间的人，年寿最短亦应在五十上下。和孟子、庄子、赵武灵王、张仪等人同时。他是楚国贵族，贵族中最盛者昭、屈、景三家，他便是三家中之一。他曾做过“三间大夫”。据王逸说：“三间之职，掌王族三姓，曰昭、屈、景。屈原序其谱属，率其贤良，以励国士。”然则他是当时贵族总管了。他曾经得楚怀王的信用，官至“左徒”。据本传说：“入则与王图议国事，以出号令；出则接遇宾客，应对诸侯，王甚任之。”可见他在政治上曾占很重要的位置。其后为上官大夫所谗，怀王疏了他。怀王在位三十年（西纪前三二八至二九七），屈原做左徒，不知是那年的事，但最迟亦在怀王十六年（前三一二）以前。因为那年怀王受了秦相张仪所骗，已经是屈原见疏之后了。假定屈原做左徒在怀王十年前后，那时他的年纪最少亦应二十岁以上，所以他的生年，不能晚于西纪前三三八年。屈原在位的时候，楚国正极强盛。屈原的政策，大概是主张联合六国，共摈强秦，保持均势，所以虽见疏之后，还做过齐国公使。可惜怀王太没有主意，时而摈秦，时而联秦，任凭纵横家摆弄。卒至“兵挫地削，亡其六郡，身客死于秦，为天下笑”（本传文）。怀王死了不到六十年，楚国便亡了。屈原当怀王十六年以后，政治生涯，像已经完全断绝。其后十四年问，大概仍居住郢都（武昌一带）。因为怀王三十年将入秦之时，屈原还力谏，可见他和怀王的关系，仍是藕断丝连了。怀王死后，顷襄王立（前二九八），屈原的反对党，越发得志，便把他放逐到湖南地方去，后来竟闹到投水自杀。

屈原什么时候死呢？据《卜居》篇说：“屈原既放，三年不得复见。”《哀郢》篇说：“忽若不信兮，至今九年而不复。”假定认这两篇为顷襄王时作品，则屈原最少当西纪前二八八年仍然生存。他脱离政治生活专做文学生活，大概有二十来年的日月。

屈原所走过的地方有多少呢？他著作中所见的地名如下：

令沅湘兮无波，使江水兮安流。
邅吾道兮洞庭。
望涔阳兮极浦。
遗余佩兮澧浦。

——右《湘君》

洞庭波兮木叶下。
沅有芷兮澧有兰。
遗余褋兮澧浦。

——右《湘夫人》

哀南夷之莫吾知兮，旦余济乎江湘。
乘鄂渚而反顾兮。
邸余车兮方林。
乘舲船余上沅兮。
朝发枉陼兮，夕宿辰阳。
入溆浦余儃佪兮，迷不知吾之所如。
深林杳以冥冥兮，乃猿狖之所居。
山峻高以蔽日兮，下幽晦以多雨。
霰雪纷其无垠兮，云霏霏而承宇。

——右《涉江》

发郢都而去闾兮。

过夏首而西浮兮，顾龙门而不见。

背夏浦而西思兮。

惟郢路之辽远兮，江与夏之不可涉。

——右《哀郢》

长濑湍流，泝江潭兮。

狂顾南行，聊以娱心兮。

低佪夷犹，宿北姑兮。

——右《抽思》

浩浩沅湘，纷流汩兮。

——右《怀沙》

遵江夏以娱忧。

——右《思美人》

指炎神而直驰兮，吾将往乎南疑。

——右《远游》

路贯庐江兮左长薄。

——右《招魂》

内中说郢都，说江夏，是他原住的地方，洞庭湘水，自然是放逐后常来往的，都不必多考据。最当注意者，《招魂》说的“路贯庐江兮左长薄”，像江西庐山一带，也曾到过。但《招魂》完全是浪漫的文学，不敢便认为事实。《涉江》一篇，含有纪行的意味，内中说“乘舲船余上沅”，说“朝发枉陼，夕宿辰阳”，可见他曾一直溯着沅水上游，到过辰州等处。他说的“峻高蔽日，霰雪无垠”的山，大概是衡岳最高处了。他的作品中，像“幽独处乎山中”“山中人兮芳杜若”，这一类话很多。我想他独自一人在衡山上过活了好些日子，他的文学，谅来就在这个时代大成的。

最奇怪的一件事，屈原家庭状况如何，在本传和他的作品中，连影子也看不出。《离骚》有“女媭之婵媛兮，申申其詈余”两语。王逸注说：“女委，屈原姊也。”这话是否对，仍不敢说。就算是真，我们也仅能知道他有一位姐姐，其余兄弟妻子之有无，一概不知。就作品上看来，最少他放逐到湖南以后过的都是独身生活。

二

我们把屈原的身世大略明白了，第二步要研究那时候为什么会发生这种伟大的文学？为什么不发生于别国而独发生于楚国？何以屈原能占这首创的地位？第一个问题，可以比较简单地解答。因为当时文化正涨到最高潮，哲学勃兴，文学也该为平行线的发展。内中如《庄子》《孟子》及《战国策》中所载各人言论，都很含着文学趣味。所以优美的文学出现，在时势为可能的。第二第三两个问题，关系较为复杂。依我的观察，我们这华夏民族，每经一次同化作用之后，文学界必放异彩。楚国当春秋初年，纯是一种蛮夷，春秋中叶以后，才渐渐的同化为“诸夏”。屈原生在同化完成后约二百五十年。那时候的楚国人，可以说是中华民族里头刚刚长成的新分子，好像社会中才成年的新青年。从前楚国人，本来是最信巫鬼的民族，很含些神秘意识和虚无理想，像小孩子喜欢幻构的童话。到了与中原旧民族之现实的伦理的文化相接触，自然会发生出新东西来。这种新东西之体现者，便是文学。楚国在当时文化史上之地位既已如此。至于屈原呢，他是一位贵族，对于当时新输入之中原文化，自然是充分领会。他又曾经出使齐国，那时正当“稷下先生”数万人日日高谈宇宙原理的时候，他受的影响，当然不少。他又是有怪脾气的人，常常和社会反抗。后来放逐到南荒，在那种变化诡异的山水里头，过他的幽独生活，特别的自然界和特别的精神作用相击发，自然会产生特别的文学了。

屈原有多少作品呢？《汉书·艺文志·诗赋略》云：“屈原赋二十五篇。”据王逸《楚辞章句》所列，则《离骚》一篇，《九歌》十一篇，《天问》一篇，《九章》九篇，《远游》一篇，《卜居》一篇，《渔父》一篇。尚有《大招》一篇，注云：“屈原，或言景差。”然细读《大招》，明是摹仿《招魂》之作，其非出屈原手，像不必多辩。但别有一问题颇费研究者，《史记·屈原列传》赞云：“余读《离骚》《天问》《招魂》《哀郢》，悲其志。”是太史公明明认《招魂》为屈原作。然而王逸说是宋玉作。逸，后汉人，有何凭据，竟敢改易前说？大概他以为添上这一篇，便成二十六篇，与《艺文志》数目不符；他又想这一篇标题，像是屈原死后别人招他的魂，所以硬把他送给宋玉。依我看，《招魂》的理想及文体，和宋玉其他作品很有不同处，应该从太史公之说，归还屈原。然则《艺文志》数目不对吗？又不然。《九歌》末一篇《礼魂》，只有五句，实不成篇。《九歌》本侑神之曲，十篇各侑一神；《礼魂》五句，当是每篇末后所公用。后人传抄贪省，便不逐篇写录，总摆在后头作结。王逸闹不清楚，把他也算成一篇，便不得不把《招魂》挤出了。我所想象若不错，则屈原赋之篇目应如下：《离骚》一篇、《天问》一篇、《九歌》十篇（《东皇太一》《云中君》《湘君》《湘夫人》《大司命》《少司命》《东君》《河伯》《山鬼》《国殇》）、《九章》九篇（《惜诵》《涉江》《哀郢》《抽思》《思美人》《惜往日》《橘颂》《悲回风》《怀沙》）、《远游》一篇、《招魂》一篇、《卜居》一篇、《渔父》一篇。

今将这二十五篇的性质，大略说明：

（一）《离骚》　据本传，这篇为屈原见疏以后使齐以前所作，当是他最初的作品。起首从家世叙起，好像一篇自传。篇中把他的思想和品格，大概都传出，可算得全部作品的缩影。

（二）《天问》　王逸说："屈原……见楚先王之庙及公卿祠堂，图画天地、山川、神灵，琦玮僪佹，及古贤圣怪物行事，……因书其壁，呵而问之。"我想这篇或是未放逐以前所作，因为"先王庙"不应在偏远之地。这篇体裁，纯是对于相传的神话发种种疑问，前半篇关于宇宙开辟的神话所起疑问，后半篇关于历史神话所起疑问。对于万有的现象和理法怀疑烦闷，是屈原文学思想出发点。

（三）《九歌》　王逸说："沅湘之间，其俗信鬼而好祀，其祠必作乐鼓舞以乐诸神。屈原放逐，窜伏其域。……见其词鄙陋，因为作《九歌》之曲，上陈事神之敬，下以见己之冤。"这话大概不错。"九歌"是乐章旧名，不是九篇歌，所以屈原所作有十篇，这十篇含有多方面的趣味，是集中最"浪漫式"的作品。

（四）《九章》　这九篇并非一时所作，大约《惜诵》《思美人》

两篇，似是放逐以前作；《哀郢》是初放逐时作；《涉江》是南迁极远时作；《怀沙》是临终作。其余各篇，不可深考。这九篇把作者思想的内容分别表现，是《离骚》的放大。

（五）《远游》　王逸说："屈原履方直之行，不容于世。……章皇山泽，无所告诉。乃深惟元一，修执恬漠，思欲济世，则意中愤然。文采秀发，遂叙妙思；托配仙人，与俱游戏。周历天地，无所不到；然犹怀念楚国，思慕旧故。"我说，《远游》一篇，是屈原宇宙观人生观的全部表现。是当时南方哲学思想之现于文学者。

（六）《招魂》　这篇的考证，前文已经说过。这篇和《远游》的思想，表面上像恰恰相反，其实仍是一贯。这篇讲上下四方，没有一处是安乐土，那么，回头还求现世物质的快乐怎么样呢？好吗？他的思想，正和歌德的《浮士特》（Goethe：Faust）剧上本一样，《远游》便是那剧的下本。总之这篇是写怀疑的思想历程最恼闷最苦痛处。

（七）《卜居》及《渔父》　《卜居》是说两种矛盾的人生观，《渔父》是表自己意志的抉择。意味甚为明显。

三

研究屈原，应该拿他的自杀做出发点。屈原为什么自杀呢？我说，他是一位有洁癖的人，为情而死。他是极诚专虑地爱恋一个人，定要和他结婚；但他却悬着一种理想的条件，必要在这条件之下，才肯委身相事。然而他的恋人老不理会他！不理会他，他便放手，不完结吗？不！不！他决然不肯！他对于他的恋人，又爱又憎，越憎越爱，两种矛盾性日日交战，结果拿自己生命去殉那"单相思"的爱情！他的恋人是谁？是那时候的社会。

屈原脑中，含有两种矛盾元素：一种是极高寒的理想，一种是极热烈的感情。《九歌》中《山鬼》一篇，是他用象征笔法描写自己人格。其文如下：

> 若有人兮山之阿，被薜荔兮带女萝。既含睇兮又宜笑，子慕予兮善窈窕。

乘赤豹兮从文狸，辛夷车兮结桂旗；被石兰兮带杜蘅，折芳馨兮遗所思。余处幽篁兮终不见天，路险艰兮独后来。

表独立兮山之上，云容容兮而在下；杳冥冥兮羌昼晦，东风飘兮神灵雨。留灵修兮憺忘归，岁既晏兮孰华予。

采三秀兮于山间，石磊磊兮葛蔓蔓；怨公子兮怅忘归，君思我兮不得闲。山中人兮芳杜若，饮石泉兮荫松柏；君思我兮然疑作。

雷填填兮雨冥冥，猨啾啾兮狖夜鸣；风飒飒兮木萧萧，思公子兮徒离忧。

我常说：若有美术家要画屈原，把这篇所写那山鬼的精神抽显出来，便成绝作。他独立山上，云雾在脚底下，用石兰、杜若种种芳草庄严自己，真所谓“一生儿爱好是天然”，一点尘都染污他不得。然而他的“心中风雨”，没有一时停息，常常向下界“所思”的人寄他万斛情爱。那人爱他与否，他都不管；他总说“君是思我”，不过“不得闲”罢了，不过“然疑作”罢了。所以他十二时中的意绪，完全在“雷填填、雨冥冥、风飒飒、木萧萧”里头过去。

他在哲学上有很高超的见解，但他决不肯耽乐幻想，把现实的人生丢弃。他说：“睢天地之无穷兮，哀人生之长勤。往者余弗及兮，来者吾不闻。”（《远游》）他一面很达观天地的无穷，一面很悲悯人生的长勤，这两种念头，常常在脑里轮转，他自己理想的境界，尽够受用。他说：“道可受兮不可传，其小无内兮其大无垠。无滑而魂兮，彼将自然。壹气孔神兮，于中夜存。虚以待之兮，无为之先。庶类以成兮，此德之门。”（《远游》）这种见解，是道家很精微的所在；他所领略的，不让前辈的老聃和并时的庄周。他曾写那境界道：“经营四荒兮，周流六漠。上至列缺兮，降望大壑。下峥嵘而无地兮，上廖廓而无天。视倏忽而无见兮，听惝恍而无闻。超无为以至清兮，与泰初而为邻。”（《远游》）然则他常住这境界俪然自得，岂不好吗？然而不能。他说：“余固知謇謇之为患兮，忍而不能舍也。”（《离骚》）他对于现实社会，不是看不开，但是舍不得。他的感情极锐敏，别人感不着的苦痛，到他脑筋里，便同电击一般。他说：“微霜降而下沦兮，悼芳草之先零。……谁可与玩斯遗芳兮，晨向风而舒情。……”（《远游》）又说：“惜吾不及见古人兮，吾谁与玩此芳草。”（《思美人》）一朵好花落去，“干卿甚事？”但在那多情多血的人，心里便不知几多难受。屈原看不过人类社会的痛苦，所以他“长太息以掩涕兮，哀民生之多艰”。（《离骚》）社会为什么如此痛苦呢？他以为由于人类道德堕落。所以说：“时缤纷其变易兮，又何可以淹留。兰芷变而不芳兮，荃蕙化而为茅。何昔日之芳草兮，今直为此萧艾也！岂其有他故兮，莫好修之害也。……固时俗之从流兮，又孰能无变化？览椒兰其若此兮，又况揭车与江蓠？”（《离骚》）所以他在青年时代便下决心和恶社会奋斗。常怕悠悠忽忽把时光耽误了。他说：“汩余若将不及兮，恐年岁之不吾与。朝搴毗之木兰兮，夕揽洲之宿莽。日月忽其不淹兮，春与秋其代序。惟草木之零落兮，恐美人之迟暮。不抚壮而弃秽兮，何不改乎此度也。”（《离骚》）要和恶社会奋斗，头一件是要自拔于恶社会之外。屈原从小便矫然自异，就从他外面服饰上也可以见出。他说：“余幼好此奇服兮，年既老而不衰。带长铗之陆离兮，冠切云之崔巍。被明月兮佩宝璐，世溷浊而莫余知兮，吾方高驰而不顾。”（《涉江》）又说：“高余冠之岌岌兮，长余佩之陆离。芳与泽其杂糅兮，惟昭质其犹未亏。”（《离骚》）庄子说：“尹文作为华山之冠以自表。”当时思想家作些奇异的服饰以表异于流俗，想是常有的。屈原从小便是这种气概。他既决心反抗社会，便拿性命和他相搏。他说：“民生各有所乐兮，余独好修以为常。虽体解吾犹未变兮，岂余心之可惩。”（《离骚》）又说：“既替余以蕙纕兮，又申之以揽茝。亦余心之所善兮，虽九死其犹未悔。”（《离骚》）又说：“与前世而皆然兮，吾又何怨乎今之人。吾将董道而不豫兮，固将重昏而终身。”（《涉江》）他从发心之日起，便有绝大觉悟，知道这件事不是容易。他赌咒和恶社会奋斗到底，他果然能实践其言，始终未尝丝毫让步。但恶社会势力太大，他到了“最后一粒子弹”的时候，只好洁身自杀。我记得在罗马美术馆中曾看见一尊额尔达治武士石雕遗像，据说这人是额尔达治国几百万人中最后死的一个人，眼眶承泪，颊唇微笑，右手一剑自刺左胁。屈原沉汨罗，就是这种心事了。

四

“余既滋兰之九畹兮，又树蕙之百亩。畦留夷以揭车兮，杂杜蘅与芳芷。冀枝叶之峻茂兮，愿俟时乎吾将刈。虽萎绝其亦何伤兮，哀众芳之芜秽。”（《离骚》）这是屈原追叙少年怀抱。他原定计划，是要多培植些同志出来，协力改革社会。到后来失败了。一个人失败有什么要紧，最可哀的是从前满心希望的人，看着堕落下去。所谓“众芳芜秽”，就是“昔日芳草，今为萧艾”，这是屈原最痛心的事。

他想改革社会，最初从政治入手。因为他本是贵族，与国家同休戚；又曾得怀王的信任，自然是可以有为。他所以“奔走先后”与闻国事，无非欲他的君王能够“及前王之踵武”（《离骚》），无奈怀王太不是材料。

“初既与余成言兮，后悔遁而有他。余既不难夫离别兮，伤灵修之数化。”（《离骚》）“昔君与我诚言兮，日黄昏以为期。羌中道而回畔兮，反既有此他志。”（《抽思》）他和怀王的关系，就像相爱的人已经定了婚约，忽然变卦。所以他说：“心不同兮媒劳，恩不甚兮轻绝。……交不忠兮怨长，期不信兮告余以不闲。”（《湘君》）他对于这一番经历，很是痛心，作品中常常感慨。内中最缠绵沉痛的一段是：“吾谊先君而后身兮，羌众人之所仇。专惟君而无他兮，又众兆之所雠。壹心而不豫兮，羌不可保也。疾亲君而无他兮，有招祸之道也。思君其莫我忠兮，忽忘身之贱贫。事君而不贰兮，迷不知宠之门。忠何罪以遇罚兮，亦非余心之所志。行不群以颠越兮，又众兆之所咍。……”（《惜诵》）他年少时志盛气锐，以为天下事可以凭我的心力立刻做成，不料才出头便遭大打击。他曾写自己心理的经过，说道：“昔余梦登天兮，魂中道而无杭。吾使厉神占之兮，曰有志极而无旁。……吾闻作忠以造怨兮，忽谓之过言。九折臂而成医兮，吾至今而知其信然。”（《惜诵》）他受了这一回教训，烦闷之极。但他的热血，常常保持沸度，再不肯冷下去。于是他发出极沉挚的悲音，说道：“闺中既已邃远兮，哲王又不寤。怀朕情而不发兮，余焉能忍与此终古。”《离骚》以屈原的才气，倘肯稍为迁就社会一下，发展的余地正多。他未尝不盘算及此，他托为他姐姐劝他的话，说道："女媭之婵媛兮，申申其詈余。"曰："鲧婞直以亡身兮，终然夭乎羽之野。汝何博謇而好修兮，纷独有此姱节。赍菉葹以盈室兮，判独离而不服。众不可户说兮，孰云察余之中情。世并举而好朋兮，夫何茕独而不余听？……"（《离骚》）又托为渔父劝他的话，说道："夫圣人者，不凝滞于物，而能与世推移。举世皆浊，何不淈其泥而扬其波？众人皆醉，何不哺其糟而歠其醨？"（《渔父》）他自己亦曾屡屡反劝自己，说道："惩于羹者而吹齑兮，何不变此志也？欲释阶而登天兮，犹有曩之态也。"（《惜诵》）说是如此，他肯吗？不不！他断然排斥"迁就主义"。他说："刓方以为圆兮，常度未替。易初本迪兮，君子所鄙。……玄文处幽兮，蒙瞍谓之不章。离娄微睇兮，瞽以为无明。……邑犬群吠兮，吠所怪也。非俊疑杰兮，固常态也。"（《怀沙》）他认定真理正义，和流俗人不相容，受他们压迫，乃是当然的。自己最要紧是立定脚跟，寸步不移。他说："嗟尔幼志，有以异兮。独立不迁，岂不可喜兮。深固难徙，廓其无求兮。苏世独立，横而不流兮。"（《橘颂》）他根据这"独立不迁"主义，来定自己的立场，所以说："固时俗之工巧兮，偭规矩而改错。背绳墨以追曲兮，竞周容以为度。忳郁邑余侘傺兮，吾独穷困乎此时也。宁溘死以流亡兮，余不忍为此态也。鸷鸟之不群兮，自前世而固然。何方圆之能周兮，夫孰异道而相安。屈心而抑志兮，忍尤而攘垢。伏清白以死直兮，固前圣之所厚。"（《离骚》）易卜生最喜欢讲的一句话：All or nothing.（要整个，不然宁可什么也没有。）屈原正是这种见解。"异道相安"，他认为和方圆相周一样，是绝对不可能的事。中国人爱讲调和，屈原不然，他只有极端："我决定要打胜他们，打不胜我就死。"这是屈原人格的立脚点，他说也是如此说，做也是如此做。

五

不肯迁就，那么，丢开罢，怎么样呢？这一点，正是屈原心中常常交战的题目。丢开有两种：一是丢开楚国，二是丢开现社会。丢开楚国的商榷，所谓："思九州之博大兮，岂惟是其有女。……何所独无芳草兮，尔何怀乎故宇。"（《离骚》）这种话就是后来贾谊吊屈原说的"历九州而相君兮，何必怀此都也。”屈原对这种商榷怎么呢？他以为举世溷浊，到处都是一样。他说：“溘吾游此春宫兮，折琼枝以继佩。及荣华之未落兮，相下女之可诒。吾令丰隆乘云兮，求宓妃之所在。解佩纕以结言兮，吾令蹇修以为理。纷总总其离合兮，忽纬繣其难迁。……望瑶台之偃蹇兮，见有娀之佚女。吾令鸩为媒兮，鸩告余以不好。雄鸠之鸣逝兮，余犹恶其佻巧。……及少康之未家兮，留有虞之二姚。理弱而媒拙兮，恐导言之不固。时溷浊而嫉贤兮，好蔽美而称恶。……”（《离骚》）这些话怎样解呢？对于这一位意中人，已经演了失恋的痛史了，再换别人，只怕也是一样。宓妃呢？纬繣难迁；有娀吗？不好，佻巧。二姚吗？导言不固。总结一句，就是旧戏本说的笑话：“我想平儿，平儿老不想我。”怎么样他才会想我呢？除非我变个样子；然而我到底不肯；所以任凭你走遍天涯地角，终久找不着一个可意的人来结婚。于是他发出绝望的悲调，说：“忽反顾以流涕兮，哀高丘之无女。”（《离骚》）他理想的女人，简直没有。那么，他非在独身生活里头甘心终老不可了。举世溷浊的感想，《招魂》上半篇表示得最明白。所谓：“魂兮归来，东方不可以托些。……魂兮归来，南方不可以止些。……魂兮归来，西方之害流沙千里些。……魂兮归来，北方不可以止些。……魂兮归来，君无上天些。……魂兮归来，君无下此幽都些。……”似此“上下四方多贼奸”，有那一处可以说是比“故宇”强些呢？所以丢开楚国，全是不彻底的理论，不能成立。丢开现社会，确是彻底的办法。屈原同时的庄周，就是这样。屈原也常常打这个主意。他说：“悲时俗之迫阨兮，愿轻举以远游。”（《远游》）他被现社会迫阨不过，常常要和他脱离关系宣告独立。而且实际上他的神识，亦往往靠这一条路得些安慰。他作品中表现这种理想者最多。如，“驾青虬兮骖白螭，吾与重华游兮瑶之圃。登昆仑兮食玉英。与天地兮同寿，与日月兮同光。”（《涉江》）“与女游兮九河，冲风起兮水扬波。乘水车兮荷盖，驾两龙兮骖螭。登昆仑兮四望，心飞扬兮浩荡。”（《河伯》）“春秋忽其不淹兮，奚久留此故居。轩辕不可攀援兮，吾将从王乔而游戏。餐六气而饮沆瀣兮，漱正阳而含朝霞。保神明之清澄兮，精气入而粗秽除。顺凯风以从游兮，至南巢而一息。见王子而宿之兮，审壹气之和德。”（《远游》）“穆眇眇之无垠兮，莽芒芒之无仪。声有隐而相感兮，物有纯而不可为。藐蔓蔓之不可量兮，缥绵绵之不可纡。……上高岩之峭岸兮，处雌蜺之标颠。据青冥而摅虹兮，遂倏忽而扪天。……”（《悲回风》）“迪吾道夫昆仑兮，路修远以周流。扬云霓之晻霭兮，鸣玉鸾之啾啾。朝发轫于天津兮，夕余至乎西极。凤皇翼其承旂兮，高翱翔之翼翼。忽吾行此流沙兮，遵赤水而容与。麾蛟龙使梁津兮，诏西皇使涉余。……屯余车其千乘兮，齐玉轪而并驰。驾八龙之婉婉兮，载云旗之委蛇。抑志而弭节兮，神高驰之邈邈。奏九歌而舞韶兮，聊假日以媮乐。”（《离骚》）诸如此类，所写都是超现实的境界，都是从宗教的或哲学的想象力构造出来。倘使屈原肯往这方面专做他的精神生活，他的日子原可以过得很舒服，然而不能。他在《远游》篇，正在说“绝氛埃而淑尤兮，终不反其故都。”底下忽然接着道：“恐天时之代序兮，耀灵晔而西征。微霜降而下沦兮，悼芳草之先零。”他在《离骚》篇，正在说“假日蝓乐”，底下忽然接着道：“陟升皇之赫戏兮，忽临睨夫旧乡。仆夫悲余马怀兮，蜷局顾而不行。”乃至如《招魂》篇把物质上娱乐敷陈了一大堆，煞尾却说道：“皋兰被径兮斯路渐，湛湛江水兮上有枫。目极千里兮伤春心，魂兮归来哀江南。”屈原是情感的化身，他对于社会的同情心，常常到沸度。看见众生苦痛，便和身受一般，这种感觉，任凭用多大力量的麻药也麻他不下。正所谓“此情无计可消除，才下眉头，却上心头。”说丢开吗？如何能够呢？他自己说：“登高吾不说兮，入下吾不能。”（《思美人》）这两句真是把自己心的状态，全盘揭出。超现实的生活不愿做，一般人的凡下现实生活又做不来，他的路于是乎穷了。

六

对于社会的同情心既如此其富，同情心刺戟最烈者，当然是祖国，所以放逐不归，是他最难过的一件事。他写初去国时的情绪道：“发郢都而去闾兮，怊荒忽之焉极。楫齐扬以容与兮，哀见君而不再得。望长楸而太息兮，涕淫淫其若霰。过夏首而西浮兮，顾龙门而不见。……将运舟而下浮兮，上洞庭而下江。去终古之所居兮，今逍遥而来东。羌灵魂之欲归兮，何须臾而忘返。背夏浦而西思兮，哀故都之日远。”（《哀郢》）“望孟夏之短夜兮，何晦明之若岁。惟郢路之辽远兮，魂一夕而九逝。曾不知路之曲直兮，南指月与列星。愿径逝而不得兮，魂识路之营营。”（《抽思》）内中最沉痛的是：“曼余目以流观兮，冀一反之何时。鸟飞返故居兮，狐死必首丘。信非余罪而放逐兮，何日夜而忘之。”（《哀郢》）这等作品，真所谓“一声河满子，双泪落君前”。任凭是铁石人，读了怕都不能不感动哩！他在湖南过的生活，《涉江》篇中描写一部分如下：“乘舲船余上沅兮，齐吴榜以击汰。船容与而不进兮，淹回水而凝滞。朝发枉陪兮，夕宿辰阳。苟余心其端直兮，虽僻远之何伤。入溆浦余值徊兮，迷不知吾所如。深林杳以冥冥兮，乃猿狖之所居。山峻高以蔽日兮，下幽晦以多雨。霰雪纷其无垠兮，云霏霏而承宇。哀吾生之无乐兮，幽独处乎山中。吾不能变心而从俗兮，固将愁苦而终穷。”大概他在这种阴惨岑寂的自然界中过那非社会的生活，经了许多年。像他这富于社会性的人，如何能受？他在那里“退静默而莫余知兮，进号呼又莫吾闻。”（《惜诵》）他和恶社会这场血战，真已到矢尽援绝的地步。肯降服吗？到底不肯。他把他的洁癖坚持到底，说道：“安能以身之察察，受物之汶汶者乎？宁赴湘流，葬于江鱼腹中，又安能以皓皓之白，而蒙世俗之尘埃乎？”（《渔父》）他是有精神生活的人，看着这臭皮囊，原不算什么一回事。他最后觉悟到他可以死而且不能不死，他便从容死去。临死时的绝作说道：“人生有命兮，各有所错兮。定心广志，余何畏惧兮。曾伤爰哀，永叹喟兮。世溷不吾知，人心不可谓兮。知死不可让兮，愿勿爱兮。明告君子，吾将以为类兮。”（《怀沙》）西方的道德论，说凡自杀皆怯懦。依我们看：犯罪的自杀是怯懦，义务的自杀是光荣。匹夫匹妇自经沟渎的行为，我们诚然不必推奖他。至于“志士不忘在沟壑，勇士不忘丧其元。”这有什么见不得人之处？屈原说的“定心广志何畏惧”，“知死不可让愿勿爱”，这是怯懦的人所能做到吗？《九歌》中有赞美战死的武士一篇，说道：“……出不入兮往不反，平原忽兮路超远。带长剑兮挟秦弓，首虽离兮心不惩。诚既勇兮又以武，终刚强兮不可陵。身既死兮神以灵，子魂魄兮为鬼雄。”（《国殇》）这虽属侑神之词，实亦写他自己的魄力和身份。我们这位文学老祖宗留下二十多篇名著，给我们民族偌大一份遗产，他的责任算完全尽了。末后加上这汨罗一跳，把他的作品添出几倍权威，成就万劫不磨的生命，永远和我们相摩相荡。呵呵！“诚既勇兮又以武，终刚强兮不可陵。”呵呵！屈原不死！屈原惟自杀故，越发不死！

七

以上所讲，专从屈原作品里头体现出他的人格，我对于屈原的主要研究，算是结束了。最后对于他的文学技术，应该附论几句。

屈原以前的文学，我们看得着的只有《诗经三百篇》。《三百篇》好的作品，都是写实感。实感自然是文学主要的生命；但文学还有第二个生命，曰想象力。从想象力中活跳出实感来，才算极文学之能事。就这一点论，屈原在文学史的地位，不特前无古人，截到今日止，仍是后无来者。因为屈原以后的作品，在散文或小说里头，想象力比屈原优胜的或者还有；在韵文里头，我敢说还没有人比得上他。

他作品中最表现想象力者，莫如《天问》《招魂》《远游》三篇。《远游》的文句，前头多已征引，今不再说。《天问》纯是神话文学，把宇宙万有，都赋予一种神秘性，活像希腊人思想。《招魂》前半篇说了无数半神半人的奇情异俗，令人目摇魄荡。后半篇说人世间的快乐，也是一件一件地从他脑子里幻构出来。至如《离骚》：什么灵氛，什么巫咸，什么丰隆，望舒，蹇修，飞廉，雷师，这些鬼神，都拉来对面谈话，或指派差事。什么宓妃，什么有娀佚女，什么有虞二姚，都和他商量爱情。凤皇，鸩，鸠，题鴂，都听他使唤，或者和他答话。虬、龙、虹霓、鸾，或是替他拉车，或是替他打伞，或是替他搭桥。兰、茝、桂、椒、芰荷、芙蓉……无数芳草，都做了他的服饰，昆仑、县圃、咸池、扶桑、苍梧、崦嵫、阊阖、阆风、穷石、洧盘、天津、赤水、不周……种种地名或建筑物，都是他脑海里头的国土。又如《九歌》十篇，每篇写一神，便把这神的身份和意识都写出来。想象力丰富瑰伟到这样，何止中国，在世界文学作品中，除了但丁《神曲》外，恐怕还没有几家够得上比较哩！

班固说“不歌而诵谓之赋”，从前的诗，谅来都是可以歌的，不歌的诗，自“屈原赋”始。几千字一篇的韵文，在体格上已经是空前创作，那波澜壮阔，层叠排奡，完全表出他气魄之伟大。有许多话讲了又讲，正见得缠绵悱恻，一往情深，有这种技术，才配说“感情的权化”。

写客观的意境，便活给他一个生命，这是屈原绝大本领。这类作品，《九歌》中最多。如，“君不行兮夷犹，蹇谁留兮中洲？美要眇兮宜修，沛吾乘兮桂舟。令沅湘兮无波，使江水兮安流。”（《湘君》）“帝子降兮北渚，目眇眇兮愁予。嫋嫋兮秋风，洞庭波兮木叶下。……沅有芷兮澧有兰，思公子兮未敢言。”（《湘夫人》）“秋兰兮蘼芜，罗生兮堂下。绿叶兮素枝，芳菲菲兮袭予。……秋兰兮青青，绿叶兮紫茎。满堂兮美人，忽独与余兮目成。入不言兮出不辞，乘回风兮载云旗。悲莫悲兮生别离，乐莫乐兮新相知。荷衣兮蕙带，倏而来兮忽而逝。夕宿兮帝郊，君谁须兮云之际。……”（《少司命》）“子交手兮东行，送美人兮南浦。波滔滔兮来迎，鱼鳞鳞兮媵予。”（《河伯》）这类作品，读起来，能令自然之美和我们心灵相触逗，如此，才算是有生命的文学。太史公批评屈原道：“其文约，其辞微，其志洁，其行廉。其称文小而其指极大，举类迩而见义远。其志洁，故其称物芳；其行廉，故死而不容自疏。濯淖污泥之中，蝉蜕于浊秽，不获世之滋垢，嚼然泥而不滓者也。推此志也，虽与日月争光可也。”（《史记》本传）虽未能尽见屈原，也算略窥一斑了。我就把这段作为全篇的结束。

人权与女权

十一年十一月六日为南京女子师范学校讲演

诸君看见我这题目，一定说梁某不通：女也是人，说人权自然连女权包在里头，为什么把人权和女权对举呢？哈哈！不通诚然是不通，但这不通题目，并非我梁某人杜撰出来。社会现状本来就是这样的不通，我不过照实说，而且想把不通的弄通罢了。

我要出一个问题考诸君一考："什么叫作人？"诸君听见我这话，一定又要说："梁某只怕疯了！这问题有什么难解？凡天地间'圆颅方趾横目睿心'的动物自然都是人。"哈哈！你这个答案错了。这个答案只能解释自然界"人"字的意义，并不能解释历史上"人"字的意义。历史上的人，其初范围是很窄的，一百个"圆颅方趾横目睿心"的动物之中，顶多有三几个够得上做"人"，其余都够不上。换一句话说：从前能够享有人格的人是很少的，历史慢慢开展，"人格人"才渐渐多起来。

诸君听这番话，只怕越听越糊涂了。别要着急，等我逐层解剖出来。同是"圆颅方趾横目睿心"的动物，自然我做得到的事，你也做得到；你享有的权，我也该享有。是不是呢？着啊，果然应该如此。但是从历史上看来，却大大不然。无论何国历史，最初总有一部分人叫作"奴隶"。奴隶岂不也是"圆颅方趾横目睿心"吗？然而那些非奴隶的人，只认他们是货物，不认他们是人。诸君读过西洋历史，谅来都知道古代希腊的雅典，号称"全民政治"，说是个个人都平等都自由。又应该知道有位大哲学家柏拉图，是主张共和政体的老祖宗。不错，柏拉图说，凡人都应该参与政治，但奴隶却不许。为什么呢？因为奴隶并不是人！雅典城里几万人，实际上不过几千人参与政治。为什么说是全民政治呢？因为他们公认是"人"的都已参与了，剩下那一大部分，便是奴隶，本来认作货物不认作人。

不但奴隶如此，就是贵族和平民比较，只有贵族算是完完全全一个人，平民顶多不过够得上做半个人。许多教育，只准贵族受，不准平民受；许多职业，只准贵族当，不准平民当；许多财产，只准贵族有，不准平民有。这种现象，我们中国自唐虞三代到孔子的时候便是如此，欧洲自罗马帝国以来一直到十八世纪都是如此。

在奴隶制度底下，不但非奴隶的人把奴隶不当人看，连那些奴隶也不知道自己是个“人”。在贵族制度底下，不但贵族把平民当半个人看，连那些平民也自己觉得我这个人和他那个人不同。如是者混混沌沌过了几千年。

人是有聪明的，有志气的，他们慢慢地从梦中觉醒起来了！你有两只眼睛一个鼻子，我也有一个鼻子两只眼睛，为什么你便该如彼我便该如此？他们心问口、口问心，经过多少年烦闷悲哀，忽然石破天惊，发明一件怪事：“啊，啊！原来我是一个人！”这件怪事，中国人发明到什么程度，我且不说，欧洲人甚么时候发明呢？大约在十五六世纪文艺复兴时代。他们一旦发明了自己是个人，不知不觉地便齐心合力下一个决心，一面要把做人的条件预备充实，一面要把做人地权利扩张圆满。第一步，凡是人都要有受同等教育的机会，不能让贵族和教会把学问垄断。第二步，凡是人都要各因他的才能就相当的职业，不许说某项职业该被某种阶级的人把持到底。第三步，为保障前两事起见，一国政治，凡属人都要有权过问。总说一句：他们有了“人的自觉”，便发生出人权运动。教育上平等权，职业上平等权，政治上平等权，便是人权运动的三大阶段。

啊，啊！了不得，了不得！人类心力发动起来，什么东西也挡他不住。“一！二！三！开步走！”“走！走！走！”走到十八世纪末年，在法国巴黎城轰地放出一声大炮来：《人权宣言》！好呀好呀！我们一齐来！属地么，要自治；阶级么，要废除；选举么，要普遍；黑奴农奴么，要解放。十九世纪全个欧洲、全个美洲热烘烘闹了一百年，闹的就是这一件事。吹喇叭，放爆竹，吃干杯，成功！凯旋！人权万岁！从前只有皇帝是人，贵族是人，僧侣是人，如今我们也和他们一样，不算人的都算人了，普天之下率土之滨凡叫作人的，都恢复他们资格了。人权万岁！万万岁！

万岁声中，还有一大部分“圆颅方趾横目睿心”的动物在那边悄悄地滴眼泪。这一部分动物，虽然在他们同类中占一半的数量，但向来没有把他们编在人类里头。这一部分是谁，就是女子！人权运动，运动的是人权。他们是Women不是Men，说得天花乱坠的人权，却不关他们的事！

眼泪是神圣不过的东西，眼泪是从自觉的心苗中才滴得出来。男子固然一样的两只眼睛一个鼻子，没有什么贵族、平民、奴隶的分别，难道女子又只有一只眼睛半个鼻子吗？当人权运动高唱入云的时候，又发明一件更怪的事："啊，啊！原来世界上还有许多人！"有了这种发明，于是女权运动开始起来。女权运动，我们可以给它一个名词，叫作广义的人权运动。

广义的人权运动——女权运动，和那狭义的人权运动——平民运动，正是一样，要有两种主要条件：第一要自动，第二要有阶段。

什么叫自动呢？例如，美国放奴运动，不是黑奴自己要解放自己，乃是一部分有博爱心的白人要解放他们，这便是他动不是自动。不由自动得来的解放，虽解放了也没有什么价值。不惟如此，凡运动是多数人协作的事，不是少数人包办的事，所以要多数共同的自动。例如，中国建设共和政体，仅有极少数人在那里动，其余大多数不管事，这仍是算他动不是自动。像欧洲十九世纪的平民运动，的确是出于全部或大多数的平民自觉自动，其所以能成功而且彻底的理由，全在乎此。女权运动能否有意义有价值，第一件就要看女子切实自觉自动的程度何如。

什么叫阶段呢？前头说过，人权运动含有三种意味：一是教育上平等权，二是职业上平等权，三是政治上平等权。这三件事虽然一贯，但里头自然分出个步骤来。在贵族垄断权利的时代，他们辩护自己唯一的武器，就是说：我们贵族所有的学问智识，你们平民没有；我们贵族办得下来的事，你们平民办不下来。这话对不对呢？对呀。欧洲中世的社会情状，的确是如此。倘若十八九世纪依然是这种情状，我敢保《人权宣言》一定发不出来，即发出来也是空话。所以自文艺复兴以来，他们平民第一件最急切的要求，是要和贵族有受同等教育的机会。这种机会陆续到手，他们便十二分努力去增进自己的智识和能力。到十八九世纪时，平民的智识能力，比贵族只有加高，绝无低下，于是乎一鼓作气，把平民运动成功了。换一句话说：他们是先把做人条件预备充实，才能把做人的权利扩张圆满。

他们的女权运动，现在也正往这条路上走。女权运动，也是好几十年前已经开始了，但势力很是微微不振。为什么不振呢？因为女子智识能力的确赶不上男子。为什么赶不上呢？因为不能和男子有受同等教育的机会。他们用全力打破这一关，打破之后，再一步一步地肉搏前去，以次到职业问题，以次到参政权问题。现在欧美这种运动，渐渐地已有一部分成功了。

我们怎么样呢？唉，说起来，又惭愧，又可怜，连大部分男子也没有发明自己是个人，何论女子！狭义的人权运动还没有做过，说什么广义的人权运动！所以有些人主张“女权尚早论”，说等到平民运动完功之后，再做女权运动不迟。这种话对吗？不对。欧洲造铁路，先有了狭轨，才渐渐改成广轨；我们造铁路，自然一动手就用广轨，有什么客气！欧洲人把狭义广义的人权运动分作两回做，我们并作一回，并非不可能的事。但有一件万不可以忘记：狭轨广轨固然不成问题，然而没有筑路便想开车，却是断断乎不行的。我说一句不怕诸君呕气的话：中国现在男子的智识能力固然也是很幼稚很薄弱，但女子又比男子幼稚薄弱好几倍！讲女权吗？头一个条件，要不依赖男子而能独立。换一句话说，是要有职业。譬如某学校出了一个教授的缺，十位女子和十位男子竞争，谁争赢谁？譬如某公司或某私人要用一位秘书，十位女子和十位男子竞争，又谁争赢谁？再进一步，假使女子参政权实行规定在宪法，到选举场中公开讲演自由竞争，又谁争赢谁？以现在情形论，我斗胆敢说：女子十回一定有九回失败。为什么呢？因为现在女子的智识能力实实在在不如男子。天生成不如吗？不然不然，不过因为学力不够。为什么学力不够？为的是从前女子求学不能和男子有均等机会。没有均等机.会，固然不是现在女子之过；然而学力不够，却是不能讳言的事实。诸君在英文读本里头谅来都读过一句格言：Knowledge is power（智识即权力）。不从智识基础上求权力，权力断断乎得不到；侥幸得到，也断断乎保持不住。一个人如此，阶级相互间也是如此，两性相互间也是如此。

讲到这里，我们大概可以得一个结论了。女权运动，无论为求学运动，为竞业运动，为参政运动，我在原则上都赞成；不惟赞成，而且十分认为必要。若以程序论，我说学第一，业第二，政第三。近来讲女权的人，集中于参政问题，我说是急其所缓，缓其所急。老实说一句：现在男子算有参政权没有？说没有吗？《约法》上明明规定。说有吗？民国成立十一个年头，看见哪一位男子曾参过政来？还不是在选举人名册上凑些假名，供那班“政棍”买票卖票的工具！人民在这种政治意识之下，就让你争得女子参政权，也不过每县添出千把几百个“赵兰”“钱蕙”“孙淑”“李娟”等等人名，替“政棍”多弄几票生意！我真不愿志洁行芳的姊妹们，无端受这种污辱。平心而论，政治上的事情，原不能因噎废食，这种愤激之谈，我也不愿多说了。归根结底一句：无论何种运动，都要多培实力，少做空谭。女权运动的真意义，是要女子有痛切的自觉，从智识能力上力争上游，务求与男子立于同等地位。这一着办得到，那么，竞业参政，都不成问题；办不到，任你搅得海沸尘飞，都是废话。

诸君啊！现在全国中女子智识的制造场，就靠这十几个女子师范学校，诸君就是女权运动的基本军队。庄子说得好：“水之积不厚，则其负大舟也无力。”诸君要知道自己责任重大，又要知道想尽此责任，除却把学问做好，智识能力提高外，别无捷径。我盼望诸君和全国姑姊妹们，都彻底觉悟自己是一个人，都加倍努力完成一个人的资格，将来和全世界女子共同协力做广义的人权运动。这回运动成功的时候，真可以欢呼人权万岁了！

什么是文化

为南金陵大学第一中学讲演

“什么是文化？”这个定义真是不容易下。因为这类抽象名词，都是各家学者各从其所抽之象而异其概念，所以往往发生聚讼。何况“文化”这个概念，原是很晚出的，从翁特（Wundt）和立卡儿特（Rickert）以后，才算成立。他的定义，只怕还没有讨论到彻底哩。我现在也不必征引辨驳别家学说，径提出我的定义来，是：

文化者，人类心能所开积出来之有价值的共业也。

“共业”两个字，用的是佛家术语。“业”是什么呢？我们所有一切身心活动，都是一刹那一刹那地飞奔过去，随起随灭，毫不停留。但是每活动一次，他的魂影便永远留在宇宙间，不能磨灭。勉强找个比方，就像一个老宜兴茶壶，多泡一次茶，那壶的内容便生一次变化。茶吃完了，茶叶倒去了，洗得干干净净，表面上看来什么也没有，然而茶的“精”渍在壶内，第二次再泡新茶，前次渍下的茶精便起一番作用，能令茶味更好。茶之随泡随倒随洗，便是活动的起灭，渍下的茶精便是业。茶精是日渍日多，永远不会消失的，除非将壶打碎。这叫作业力不灭的公例。在这种不灭的业力里头，有一部分我们叫他作“文化”①。

茶壶是死的，呆的，各归各的，这个壶渍下的茶精，不能通到那个壶。人类不然，活的，整个的，相通的。一个人的活动，势必影响到别人，而且跑得像电子一般快，立刻波荡到他所属的社会乃至人类全体。活动流下来的魂影，本人渍得最深，大部分遗传到他的今生、他生，或他的子孙，永不磨灭，是之谓“别业”。还有一部分，像细雾一般，霏洒在他所属的社会乃至全宇宙，也是永不磨灭，是之谓“共业”，又叫作业力周遍的公例。文化是共业范围内的东西，因为通不到旁人的“别业”，便与组织文化的网子无关了。但还有一点应当注意，共业是实在的，整个的，虽然可以说是由许多别业融化而成，但决不是把许多别业

①这个比方自然不能确切，因为，拿死的茶壶比活的人，如何会对呢？不过为学者容易构成观念起见，找个近似的做引线罢了——作者原注。

加起来凑成。

文化是共业之一部，但共业之全部并非都是文化。文化非文化，当以有无价值为断。然则价值又是什么呢？凡事物之“自然而然如此”或“不能不如此”者，则无价值之可评。即评，也是白评。可以如此，可以不如此，而我们认为应该如此，这是经我们评定选择之后才发生出来的价值；认为应该如此，就做到如此，便是我们得着的价值。由此言之，必须人类自由意志选择且创造出来的东西，才算有价值。自由意志所无如之何的东西，我们便没有法子说出它的价值。我们拿价值有无做标准来看宇宙间事物，可以把它们划然分为两系：一是自然系，二是文化系。自然系是因果法则所支配的领土，文化系是自由意志所支配的领土。

人类活动，有一部分是与文化系无关的。依我的见解，人类活动之方式及其所属系统，应表示如下：

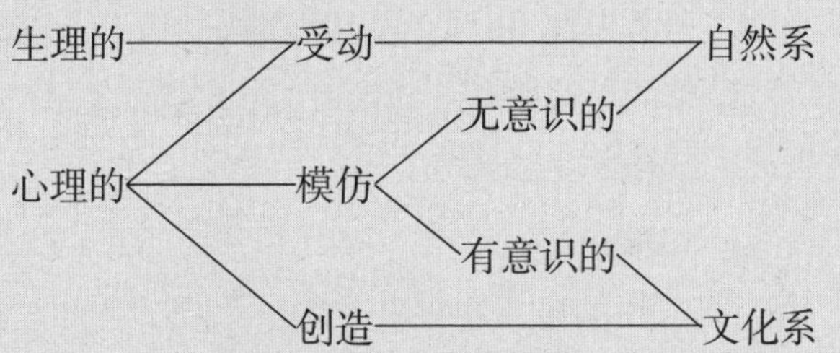

生理上的受动如饥则食，渴则饮，疲倦则休息，乃至血管运行渣液排泄等等；心理上的受动，如五官接物则有感觉，有感觉则有印象，有记忆等等，这都是不得不然的理法，与天体运行物质流转性质相同，全属自然界现象，其与文化系无关，自不待言。再进一步，则心理作用中之无意识的模仿，如衣服的款式常常变迁，如两个人相处日子久了，彼此的言语动作，有一部分互相传染，这都是“自然而然如此”，也与文化系无关。就全社会活动而论，也有属于这类的。例如：社会在某种状态之下，人口当然会增殖；在某种状态之下，当然会斗争或战争；乃至在某种状态之下，当然发生某种特殊阶级。这都是拿因果法则推算得出来的。换一句话说，这是生物进化的通则，并非人类所独有，所以不能归入文化范围内。

人类所以独称为文化的动物者，全在其能创造且能为有意识的模仿。“创造”怎么解呢？

创造者，人类以自己的自由意志，选定一个自己所想要到达的地位，便用自己的“心能”闯进那地位去。

假如人类没有了这种创造的意志和力量，那么，一部历史，将如河岸上沙痕，一层一层地堆积上去，经几千几万年都是一样，我们也可以算定他明年如何，后年如何，乃至百千万年后如何。然而人类决不如此，他的自由意志恁样的发动和发动方向如何，不惟旁人猜不着，乃至连他自己今天也猜不着明天怎么样，这一秒钟也猜不着后一秒钟怎么样。他是绝对不受任何因果律之束缚限制，时时刻刻可以为不断的发动，便时时刻刻可以为不断的创造。人类能对于自然界宣告独立，开拓出所谓文化领域者，全靠这一点。创造的概念，大略如右，但仍须注意者四点：

（一）创造不必定在当时此地发生效果。所以有在此时创造，到几百年后才看见结果的。例如孔子的创造力，到汉以后才表见，或者从今日以后才表见。亦有在此处创造，结果不见于此处而见于彼处者。例如基督的创造力，在犹太看不出，在罗马才看得出。要之，一切创造，都循“业力周遍不灭”的公例，超越时间空间，永远普遍存在。

（二）创造的效果，不必定和创造人所期待者同其内容。例如清教徒到美洲，原只为保持信仰自由，结果会创建美国。汉武帝通西域，原只为防御匈奴，结果会促成中印交通。这是什么缘故呢？因为一个创造，常常引起第二、第三个创造。所以也可以说，创造能率是累进的。

（三）创造是永不会圆满的。这句话怎样讲呢？凡一件事物到完成的时候，便是创造力停止的时候。譬如这张桌子，完全造成后放在这里，还有什么创造？创造的工夫，一定要在未有桌子或未成桌子之时[①]。桌子是死的，有完成的那一天，所以经过一个期间，创造便停止。人类文化是活的，永远没有完成的那一天，所以永远容得我们创造。亦正惟因此之故，从事创造者，只能以“部分的”“不圆满的”自甘。

（四）创造是不能和现境距离很远的。创造的动机，总是因为对于

①这些譬喻总不能贴切，万勿拘泥——作者原注。

现在的环境不满意或不安心，想另外开拓出一种新环境来。所以创造必与现境生距离，其理易明。但这种距离，是不容太远而且不会太远的，太远便引不起创造，或创造不成。创造者总是以他所处的现境为立脚点，前走一步或两步。换一句话说，是在不圆满的宇宙中间，一寸二寸地向圆满理想路上挪去。

以上算把创造的性质大略解释明白了，跟着还要说说“模仿的性质”。我们既已晓得创造之可贵，提到模仿，便认为创造的反面，像是很不值钱的。这种见解却错了。模仿分为有意识、无意识两种，无意识的模仿，自然没有什么价值，前文曾经说过。现在所讲，专指有意识的模仿。依我看：

模仿是复性的创造，有模仿才有共业。

“复”有两义：一是个体的复集，二是时间的复现。假如人类没有这两种性能，那么，虽然有很大的创造，也只是限于一时，连“业”也不能保持，或者限于一人，只能造成“别业”，如何会有文化呢？须知无论创造力若何伟大之人[①]，总不能没有他所依的环境，既有所依的环境，自然对于环境[②]有所感受，感受即是模仿的资粮。所以严格说来，无论何种创造行为中，都不能绝对不含有模仿的成分。这是说创造以前的事。创造以后呢？一方面自己将所创造者常常为心理的复现，令创造的内容越加丰富确实；一方面熏感到别人，被熏感的人，把那新创造的吸收到他的“识阈”中，形成他的“心能”之一部分，加工协造。这两种作用，都是模仿，内中第二种尤为重要。

凡有意识的模仿，都是经过自由意志选择才发生的，所以它的本质，已经是和创造同类。尤当注意者，凡模仿的活动，必不能与所模仿者丝毫都吻合。因为所模仿的对象，经过能模仿者的“识阈”，当然起多少化学作用，当然有若干之修正或蜕变。所以严格说来，无论何种模仿行为中，又不能绝对不含有创造的成分。因此也可以说：“模仿是群众体的创造。”明白这种意味，方才知道所谓“民族心”，所谓“时代精神”者作何解。

---

①例如孔子、释迦——作者原注。
②固有的文化——作者原注。

人类有创造、模仿两种“心能”，都是本着他的自由意志，不断地自动互发。因以“开拓”其所欲得之价值，而“积厚”其所已得之价值。随开随积，随积随开，于是文化系统以成。所以说：“文化者，人类心能所开积出来之有价值的共业也。”

以上所说，把“文化”的观念，略已确定，还要附带着一审查文化之内容。依我说：

文化是包含人类物质、精神两面的业种、业果而言。

文化是人类以自由意志选定价值，凭自己的心能开积出来，以进到自己所想站的地位。既如前述，价值选定，当然要包含物质、精神两面。人类欲望最低限度，至少也想到“利用厚生”，为满足这类欲望，所以要求物质的文化，如衣、食、住及其他工具等之进步。但欲望决不是如此简单便了，人类还要求秩序，求愉乐，求安慰，求拓大。为满足这类欲望，所以要求精神的文化，如言语、伦理、政治、学术、美感、宗教等。这两部分拢合起来，便是文化的总量。

说到这里，要把业种、业果两语先为解释一下。这也是用的佛家术语，“种”即种子，“果”即果实。一棵树是由很微细的一粒种子发生出来，这粒种子，含有无限创造力，不断地长，长，长，开枝，发叶，放花，结果，到结成满树果实时，便是创造力成了结晶体，便算“一期的创造”暂作结束。但只要这棵树不死，它的创造力并不消灭，还跟着有第二、第三乃至无数期的创造。一面那果实里头，又含有种子，碰着机会，又重新发出创造力来，也是一期、二期……地不断，如是一个种生无数个果，果又生种，种又生果，一层一层地开积出去。人类活动所组成的文化之网，正是如此。

但此中有一点万不可以忘记，业果成熟时，便是一期创造的结束。现在请归到文化本题来说明此理。人类用创造或模仿的方式开积文化，那创造心、模仿心及其表现出来的活动便是业种，也可以说是文化种。活动一定有产出来的东西，产出来的东西一定有实在体。换一句话说，创造力终须有一日变成“结晶”。这种结晶，便是业果，也可以说是文化果。文化种与文化果有很不同的性质，文化种是活的，文化果是呆的。试举其例：科学发明是业种，是活的，用那发明来创造的机器是业果，是呆的。人权运动是业种，是活的，运动产生出来的宪法是业果，是呆的。美感是业种，是活的，美感落到字句上成一首诗，落到颜色上成一幅画，是业果，是呆的。所以我说创造不会圆满，圆满时创造便停。业果成熟，便是活力变成结晶，便是一期的创造圆满而停息。就这一点论，很可以拿珊瑚岛作个譬喻。海底的珊瑚，刻刻不停地在那里活动，我们不知道它有目的没有，假使有目的，可以说它想创造珊瑚岛，但是到珊瑚岛造成时，它本身却变作灰石。文化到了结晶成果的时候，便有这种气象。所以已成的文化果是不容易改变的，停顿久了，那僵质也许成为活动的障碍物。但人类文化果，究竟不能拿珊瑚岛作比。因为珊瑚变成灰石之后，灰石里头便一毫活力也没有。人类文化果不然，正如刚才说的树上果实，果中含有种子，所以能够从文化果中熏发文化种，重新创造起来。人性中不可思议的神秘，都在这一点。

今请将文化内容的总量列一张表作结：

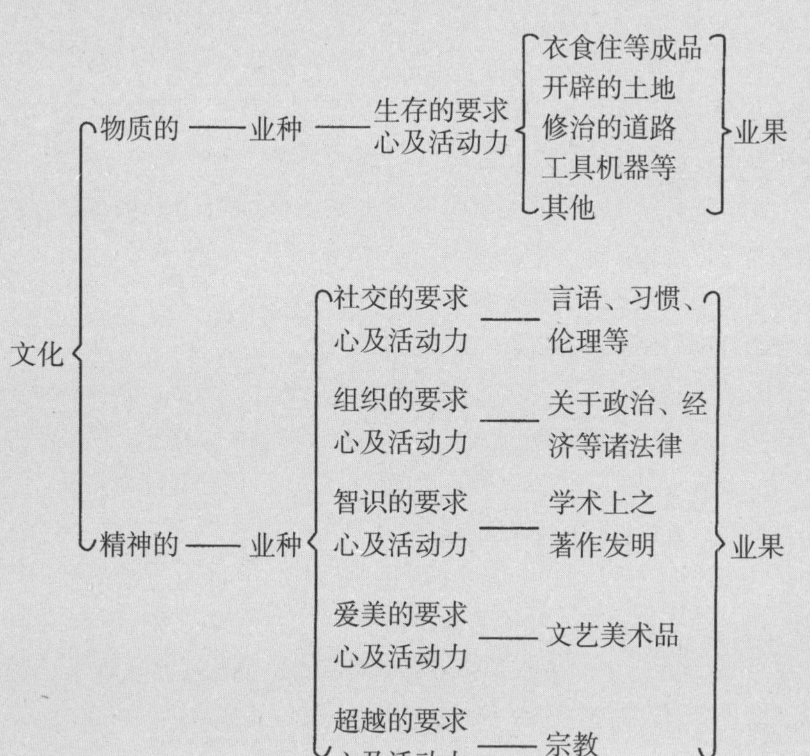

为学与做人

十一年十二月二十七日为苏州学生联合会公开讲演

诸君！我在南京讲学将近三个月了，这边苏州学界里头，有好几回写信邀我，可惜我在南京是天天有功课的，不能分身前来。今天到这里，能够和全城各校诸君聚在一堂，令我感激得很，但有一件，还要请诸君原谅，因为我一个月以来，都带着些病，勉强支持，今天不能做很长的讲演，恐怕有负诸君期望哩。

问诸君“为什么进学校？”我想人人都会众口一辞地答道：“为的是求学问。”再问：“你为什么要求学问？”“你想学些什么？”恐怕各人的答案就很不相同，或者竟自答不出来了。诸君啊！我请替你们总答一句罢：“为的是学做人。”你在学校里头学的什么数学、几何、物理、化学、生理、心理、历史、地理、国文、英语，乃至什么哲学、文学、科学、政治、法律、经济、教育、农业、工业、商业等等，不过是做人所需要的一种手段，不能说专靠这些便达到做人的目的，任凭你把这些件件学得精通，你能够成个人不能成个人还是个问题。

人类心理，有知、情、意三部分。这三部分圆满发达的状态，我们先哲名之为三达德——智、仁、勇。为什么叫作“达德”呢？因为这三件事是人类普通道德的标准，总要三件具备才能成一个人。三件的完成状态怎么样呢？孔子说：“知者不惑，仁者不忧，勇者不惧。”所以教育应分为知育、情育、意育三方面——现在讲的智育、德育、体育不对，德育范围太笼统，体育范围太狭隘——知育要教到人不惑，情育要教到人不忧，意育要教到人不惧。教育家教学生，应该以这三件为究竟，我们自动地自己教育自己，也应该以这三件为究竟。

怎么样才能不惑呢？最要紧是养成我们的判断力。想要养成判断力，第一步，最少须有相当的常识，进一步，对于自己要做的事须有专门智识，再进一步，还要有遇事能断的智慧。假如一个人连常识都没有，听见打雷，说是雷公发威，看见月蚀，说是蛤蟆贪嘴。那么，一定闹到什么事都没有主意，碰着一点疑难问题，就靠求神问卜看相算命去解决，真所谓“大惑不解”，成了最可怜的人了。学校里小学中学所教，就是要人有了许多基本的常识，免得凡事都暗中摸索。但仅仅有这点常识还不够，我们做人，总要各有一件专门职业。这门职业，也并不是我一人破天荒去做，从前已经许多人做过，他们积了无数经验，发现出好些原理原则，这就是专门学识。我打算做这项职业，就应该有这项专门学识。例如我想做农吗？怎样的改良土壤，怎样的改良种子，怎样的防御水旱病虫等等，都是前人经验有得成为学识的，我们有了这种学识，应用他来处置这些事，自然会不惑，反是则惑了。做工、做商等等都各各有他的专门学识，也是如此；我想做财政家吗？何种租税可以生出何样结果，何种公债可以生出何样结果等等，都是前人经验有得成为学识的；我们有了这种学识，应用他来处置这些事，自然会不惑，反是则惑了。教育家、军事家等等，都各各有他的专门学识，也是如此。我们在高等以上学校所求的智识，就是这一类。但专靠这种常识和学识就够吗？还不能。宇宙和人生是活的不是呆的，我们每日所碰见的事理是复杂的变化的，不是单纯的印板的，倘若我们只是学过这一件，才懂这一件，那么，碰着一件没有学过的事来到跟前，便手忙脚乱了。所以还要养成总体的智慧，才能得有根本的判断力。这种总体的智慧如何才能养成呢？第一件，要把我们向来粗浮的脑筋，着实磨练它，叫它变得细密而且踏实。那么，无论遇着如何繁难的事，我都可以彻头彻尾想清楚它的条理，自然不至于惑了。第二件，要把我们向来昏浊的脑筋，着实将养它，叫它变得清明。那么，一件事理到跟前，我才能很从容很莹澈地去判断它，自然不至于惑了。以上所说常识学识和总体的智慧，都是智育的要件，目的是教人做到“知者不惑”。

怎么样才能不忧呢？为什么仁者便会不忧呢？想明白这个道理，先要知道中国先哲的人生观是怎么样。“仁”之一字，儒家人生观的全体大用都包在里头。“仁”到底是什么？很难用言语说明，勉强下个解释，可以说是：“普遍人格之实现。”孔子说：“仁者人也。”意思说是人格完成就叫作“仁”。但我们要知道，人格不是单独一个人可以表现的，要从人和人的关系上看出来。所以仁字从二人，郑康成解它做“相人偶”。总而言之，要彼我交感互发，成为一体，然后我的人格才能实现。所以我们若不讲人格主义，那便无话可说；讲到这个主义，当然归宿到普遍人格。换句话说，宇宙即是人生，人生即是宇宙，我的人格，和宇宙无二无别，体验得这个道理，就叫作“仁者”。然则这种仁者为甚么就会不忧呢？大凡忧之所从来，不外两端，一曰忧成败，二曰忧得失。我们得着“仁”的人生观，就不会忧成败。为什么呢？因为我们知道宇宙和人生是永远不会圆满的，所以《易经》六十四卦，始“乾”而终“未济”。正为在这永远不圆满的宇宙中，才永远容得我们创造进化。我们所做的事，不过在宇宙进化几万万里的长途中，往前挪一寸两寸，哪里配说成功呢？然则不做怎么样呢？不做便连这一寸两寸都不往前挪，那可真真失败了。“仁者”看透这种道理，信得过只有不做事才算失败，肯做事便不会失败。所以《易经》说：“君子以自强不息。”换一方面来看，他们又信得过凡事不会成功的，几万万里路挪了一两寸，算成功吗？所以《论语》说：“知其不可而为之。”你想，有这种人生观的人，还有什么成败可忧呢？再者，我们得着“仁”的人生观，便不会忧得失。为什么呢？因为认定这件东西是我的，才有得失之可言。连人格都不是单独存在，不能明确地画出这一部分是我的，那一部分是人家的，然则哪里有东西可以为我们所得？既已没有东西为我所得，当然也没有东西为我所失。我只是为学问而学问，为劳动而劳动，并不是拿学问劳动等做手段来达某种目的——可以为我们“所得”的。所以老子说：“生而不有，为而不恃。”“既以为人已愈有，既以与人已愈多。”你想，有这种人生观的人，还有什么得失可忧呢？总而言之，有了这种人生观，自然会觉得“天地与我并生，而万物与我为一”，自然会“无人而不自得”。他的生活，纯然是趣味化艺术化。这是最高的情感教育，目的教人做到“仁者不忧”。

怎么样才能不惧呢？有了不惑不忧功夫，惧当然会减少许多了。但这是属于意志方面的事。一个人若是意志力薄弱，便有很丰富的智识，临时也会用不着，便有很优美的情操，临时也会变了卦。然则意志怎么才会坚强呢？头一件须要心地光明。孟子说：“浩然之气，至大至刚。行有不慊于心，则馁矣。”又说：“自反而不缩，虽褐宽博，吾不惴焉；自反而缩，虽千万人吾往矣。”俗话说得好：“生平不做亏心事，夜半敲门也不惊。”一个人要保持勇气，须要从一切行为可以公开做起，这是第一着。第二件要不为劣等欲望之所牵制。《论语》记：“子曰：‘吾未见刚者。’或对曰：‘申枨。’子曰：‘枨也欲，焉得刚。’”一被物质上无聊的嗜欲东拉西扯，那么，百炼钢也会变为绕指柔了。总之一个人的意志，由刚强变为薄弱极易，由薄弱返到刚强极难。一个人有了意志薄弱的毛病，这个人可就完了。自己做不起自己的主，还有什么事可做？受别人压制，做别人奴隶，自己只要肯奋斗，终须能恢复自由。自己的意志做了自己情欲的奴隶，那么，真是万劫沉沦，永无恢复自由的余地，终身畏首畏尾，成了个可怜人了。孔子说：“和而不流，强哉矫；中立而不倚，强哉矫。国有道，不变塞焉，强哉矫；国无道，至死不变，强哉矫。”我老实告诉诸君说罢，做人不做到如此，决不会成一个人。但做到如此真是不容易，非时时刻刻做磨练意志的工夫不可，意志磨练得到家，自然是看着自己应做的事，一点不迟疑，扛起来便做，“虽千万人吾往矣。”这样才算顶天立地做一世人，绝不会有藏头躲尾左支右绌的丑态。这便是意育的目的，要教人做到“勇者不惧”。

我们拿这三件事作为做人的标准，请诸君想想，我自己现时做到哪一件——哪一件稍为有一点把握。倘若连一件都不能做到，连一点把握都没有，嗳哟！那可真危险了，你将来做人恐怕就做不成。讲到学校里的教育吗，第二层的情育，第三层的意育，可以说完全没有，剩下的只有第一层的知育。就算知育罢，又只有所谓常识和学识，至于我所讲的总体智慧靠来养成根本判断力的，却是一点儿也没有。这种“贩卖智识杂货店”的教育，把他前途想下去，真令人不寒而栗！现在这种教育，一时又改革不来，我们可爱的青年，除了他更没有可以受教育的地方。诸君啊！你到底还要做人不要？你要知道危险呀，非你自己抖擞精神想方法自救，没有人能救你呀！

诸君啊！你千万别要以为得些断片的智识，就算是有学问呀。我老实不客气告诉你罢：你如果做成一个人，智识自然是越多越好；你如果做不成一个人，智识却是越多越坏。你不信吗？试想想：全国人所唾骂的卖国贼某人某人，是有智识的呀，还是没有智识的呢？试想想：全国人所痛恨的官僚政客——专门助军阀作恶鱼肉良民的人，是有智识的呀，还是没有智识的呢？诸君须知道啊，这些人当十几年前在学校的时代，意气横历，天真烂漫，何尝不和诸君一样？为什么就会堕落到这样田地呀？屈原说的："何昔日之芳草兮，今直为此萧艾也！岂其有他故兮，莫好修之害也。"天下最伤心的事，莫过于看着一群好好的青年，一步一步地往坏路上走。诸君猛醒啊！现在你所厌所恨的人，就是你前车之鉴了。

诸君啊！你现在怀疑吗？沉闷吗？悲哀痛苦吗？觉得外边的压迫你不能抵抗吗？我告诉你：你怀疑和沉闷，便是你因不知才会惑；你悲哀痛苦，便是你因不仁才会忧；你觉得你不能抵抗外界的压迫，便是你因不勇才有惧。这都是你的知、情、意未经过修养磨练，所以还未成个人。我盼望你有痛切的自觉啊！有了自觉，自然会自动。那么，学校之外，当然有许多学问，读一卷经，翻一部史，到处都可以发现诸君的良师呀！

诸君啊，醒醒罢！养足你的根本智慧，体验出你的人格人生观，保护好你的自由意志。你成人不成人，就看这几年哩！

东南大学课毕告别辞

十二年一月十三日讲演

李竞芳、王觉新笔记

诸君，我在这边讲学半年，大家朝夕在一块儿相处，我很觉得快乐。并且因为我任有一定的功课，也催逼着我把这部十万余言的《先秦政治思想史》著成，不然，恐怕要等到十年或十余年之后。中间不幸身体染有小病，即今还未十分复原，我常常恐怕不能完课，如今幸得讲完了。这半年以来，听讲的诸君，无论是正式选课或是旁听，都是始终不曾旷课，可以证明诸君对于我所讲有十分兴味。今当分别，彼此实在很觉得依恋难舍，因为我们这半年来，彼此人格上的交感不少。最可惜者，因为时间短促，以致仅有片面的讲授，没有相互的讨论，所谓“教学相长”，未能如愿做到。今天为这回最末的一次讲演，当作与诸君告别之辞。

诸君千万不要误解，说梁某人是到这边来贩卖知识。我自计知识之能贡献于诸君者实少。知识之为物，实在是无量的广漠，谁也不能说他能给谁以绝对不易的知识，顶多，亦只承认它有相对的价值。即如讲奈端罢，从前总算是众口同词地认为可靠，但是现在，安斯坦又几乎完全将它推倒。专门的知识，尚且如此，何况像我这种泛滥杂博的人，并没有一种专门名家的学问呢！所以切盼诸君，不要说我有一技之长，讲的话便句句可靠。最多，我想，亦只叫诸君知道我自己做学问的方法。譬如诸君看书，平素或多忽略不经意的地方，必要寻着这个做学问的方法，乃能事半功倍。真正做学问，乃是找着方法去自求，不是仅看人家研究所得的结果。因为人家研究所得的结果，终是人家的，况且所得的，也未必都对。讲到此处，我有一个笑话告诉诸君。记得某一本小说里说：“吕纯阳下山觅人传道，又不晓得谁是可传，他就设法来试验。有一次，在某地方，遇着一个人，吕纯阳登时将手一指，点石成金。就问那个人要否，那人只摇着头，说不要。吕纯阳再点一块大的试他，那人仍是不为所动。吕纯阳心里便十分欢喜，以为道有可传的人了，但是还恐怕靠不住，再以更大的金块试他，那人果然仍是不要。吕纯阳便问他不要的原因，满心承望他答复一个热心向道。哪晓得那人不然，他说，我不要你点成了的金块，我是要你那点金的指头，因为有了这指头，便可以自由点用。”这虽是个笑话，却很有意思。所以很盼诸君，要得着这个点石成金的指头——做学的方法，那么，以后才可以自由探讨，并可以辩正师傅的是否。教拳术的教师，最少要希望徒弟能与他对敌，学者亦当悬此为鹄，最好是要青出于蓝而胜于蓝。若仅仅是看前人研究所得，而不自行探讨，那么，得一便不能知其二。且取法乎上，得仅在中，这样，学术岂不是要一天退化一天吗？人类知识进步，乃是要后人超过前人。后人应用前人的治学方法，而复从旧方法中，开发出新方法来，方法一天一天地增多，便一天一天地改善，拿着改善的新方法去治学，自然会优于前代。我个人的治学方法，或可以说是不错，我自己应用来也有些成效，可惜这次全部书中所说的，仍为知识的居多，还未谈做学的方法。倘若诸君细心去看，也可以寻找得出来，既经找出，再循着这方法做去，或者更能发现我的错误，或是来批评我，那就是我最欢喜的。

我今天演讲，不是关于知识方面的问题，诚然，知识在人生地位上，也是非常紧要，我从来并未将它看轻。不过，若是偏重知识，而轻忽其他人生重要之部，也是不行的。现在中国的学校，简直可说是贩卖知识的杂货店，文、哲、工、商，各有经理，一般来求学的，也完全以顾客自命。固然欧美也同坐此病，不过病的深浅，略有不同。我以为长此以往，一定会发生不好的现象。中国现今政治上的窳败，何尝不是前二十年教育不良的结果？盖二十年前的教育，全采用日德的军队式，并且仅能袭取皮毛，以致造成今日一般无自动能力的人。现在哩，教育是完全换了路了，美国式代日式、德式而兴，不出数年，我敢说是全部要变成美国化，或许我们这里——东南大学——就是推行美化的大本营。美国式的教育，诚然是比德国式、日本式的好，但是毛病还很多，不是我们理想之鹄。英人罗素回国后，颇艳称中国的文化，发表的文字很多，他非常盼望我们这占全人类四分之一的特殊民族，不要变成了美国的“丑化”。这一点可说是他看得很清楚。美国人切实敏捷，诚然是他们的长处，但是中国人即使全部将他移植过来，使纯粹变成了一个东方的美国，慢讲没有这种可能，即能，我不知道诸君怎样，我是不愿的。因为倘若果然如此，那真是罗素所说的，把这有特质的民族，变成了丑化了。我们看得很清楚，今后的世界，决非美国式的教育所能域领。现在多数美国的青年，而且是好的青年，所做何事？不过是一生到死，急急忙忙的，不任一件事放过。忙进学校，忙上课，忙考试，忙升学，忙毕业，忙得文凭，忙谋事，忙花钱，忙快乐，忙恋爱，忙结婚，忙养儿女，还有最后一忙——忙死。他们的少数学者，如詹姆士之流，固然总想为他们别开生面，但是大部分已经是积重难返。像在这种人生观底下过活，那么，千千万万人，前脚接后脚地来这世界上走一趟，住几十年，干些什么哩？唯一无二的目的，岂不是来做消耗面包的机器吗？或是怕那宇宙间的物质运动的大轮子，缺了发动力，特自来供给它燃料。果真这样，人生还有一毫意味吗？人类还有一毫价值吗？现在全世界的青年，都因此无限的凄惶失望。知识愈多，沉闷愈苦，中国的青年，尤为利害，因为政治社会不安宁，家国之累，较他人为甚，环顾宇内，精神无可寄托。从前西人唯一维系内心之具，厥为基督教，但是科学昌明后，第一个致命伤，便是宗教。从前在苦无可诉的时候，还得远远望着冥冥的天堂；现在呢，知道了，人类不是什么上帝创造，天堂更渺不可凭。这种宗教的麻醉剂，已是无法存在。讲到哲学吗，西方的哲人，素来只是高谈玄妙，不得真际，所足恃为人类安身立命之具，也是没有。再如讲到文学吗，似乎应该少可慰藉，但是欧美现代的文学，完全是刺戟品，不过叫人稍醒麻木，但一切耳目口鼻所接，都足陷人于疲敝，刺戟一次，疲麻的程度又增加一次。如吃辣椒然，寝假而使舌端麻木到极点，势非取用极辣的胡椒来刺戟不可。这种刺戟的功用，简直如有烟癖的人，把鸦片或吗啡提精神一般。虽精神或可暂时振起，但是这种精神，不是鸦片和吗啡带得来的，是预支将来的精神。所以说，一次预支，一回减少；一番刺戟，一度疲麻。现在他们的文学，只有短篇的最合胃口，小诗两句或三句，戏剧要独幕的好。至于荷马、但丁，屈原、宋玉，那种长篇的作品，可说是不曾理会。因为他们碌碌于舟车中，时间来不及，目的只不过取那种片时的刺戟，大大小小，都陷于这种病的状态中。所以他们一般有先见的人，都在遑遑求所以疗治之法。我们把这看了，那么，虽说我们在学校应求西学，而取舍自当有择，若是不问好歹，无条件地移植过来，岂非人家饮鸩，你也随着服毒？可怜可笑孰甚！

近来国中青年界很习闻的一句话，就是“智识饥荒”，却不晓得还有一个顶要紧的“精神饥荒”在那边。中国这种饥荒，都闹到极点，但是只要我们知道饥荒所在，自可想方法来补救。现在精神饥荒，闹到如此，而人多不自知，岂非危险？一般教导者，也不注意在这方面提倡，只天天设法怎样将知识去装青年的脑袋子，不知道精神生活完全，而后多的知识才是有用。苟无精神生活的人，为社会计，为个人计，都是知识少装一点为好。因为无精神生活的人，知识愈多，痛苦愈甚，作歹事的本领也增多。例如黄包车夫，知识粗浅，他决没有有知识的青年这样的烦闷，并且作恶的机会也很少。大奸慝的卖国贼，都是智识阶级的人做的。由此可见，没有精神生活的人，有知识实在危险。盖人苟无安身立命之具，生活便无所指归，生理心理，并呈病态。试略分别言之：就生理言，阳刚者必至发狂自杀，阴柔者自必委靡沉溺；再就心理言，阳刚者便悍然无顾，充分的恣求物质上的享乐，然而欲望与物质的增加率，相竞腾升，故虽有妻妾宫室之奉，仍不觉快乐；阴柔者便日趋消极，成了一个竞争场上落伍的人，凄惶失望，更为痛苦。故谓精神生活不全，为社会，为个人，都是知识少点的为好。因此我可以说为学的首要，是救精神饥荒。

救济精神饥荒的方法，我认为东方的——中国与印度——比较最好。东方的学问，以精神为出发点；西方的学问，以物质为出发点。救知识饥荒，在西方找材料；救精神饥荒，在东方找材料。东方的人生观，无论中国、印度，皆认物质生活为第二位，第一，就是精神生活。物质生活，仅视为补助精神生活的一种工具，求能保持肉体生存为已足，最要，在求精神生活的绝对自由。精神生活，贵能对物质界宣告独立，至少，要不受其牵掣。如吃珍味，全是献媚于舌，并非精神上的需要，劳苦许久，仅为一寸软肉的奴隶，此即精神不自由。以身体全部论，吃面包亦何尝不可以饱？甘为肉体的奴隶，即精神为所束缚，必能不承认舌——一寸软肉为我，方为精神独立。东方的学问道德，几全部是教人如何方能将精神生活对客观的物质或己身的肉体宣告独立，佛家所谓解脱，近日所谓解放，亦即此意。客观物质的解放尚易，最难的为自身——耳目口鼻……的解放。西方言解放，尚不及此，所以就东方先哲的眼光看去，可以说是浅薄的，不彻底的。东方的主要精神，即精神生活的绝对自由。

求精神生活绝对自由的方法，中国、印度不同。印度有大乘、小乘不同，中国有儒、墨、道各家不同。就讲儒家，又有孟、荀、朱、陆的不同，任各人性质机缘之异，而各择一条路走去。所以具体的方法，很难讲出，且我用的方法，也未见真是对的，更不能强诸君从同。但我自觉烦闷时少，自二十余岁到现在，不敢说精神已解脱，然所以烦闷少，也是靠此一条路，以为精神上的安慰。至于先哲教人救济精神饥荒的方法，约有两条：（一）裁抑物质生活，使不得猖獗，然后保持精神生活的圆满。如先平盗贼，然后组织强固的政府。印度小乘教，即用此法；中国墨家、道家的大部，以及儒家程朱，皆是如此。以程朱为例，他们说的持敬制欲，注重在应事接物上裁抑物质生活，以求达精神自由的境域。（二）先立高尚美满的人生观，自己认清楚将精神生活确定，靠其势力以压抑物质生活，如此，不必细心检点，用拘谨功夫，自能达到精神生活绝对自由的目的。此法可谓积极的，即孟子说："先立乎其大者，则其小者不能夺也。"不主张一件一件去对付，且不必如此。先组织强固的政府，则地方自安，即有小丑跳梁，不必去管，自会消灭。如雪花飞近大火，早已白化了。此法佛家大乘教，儒家孟子、陆王皆用之，所谓"浩然之气"，即是此意。以上二法，我不过介绍与诸君，并非主张诸君一定要取某种方法。两种方法虽异，而认清精神要解脱这一点却同。不过说青年时代应用的，现代所适用的，我以为采积极的方法较好，就是先立定美满的人生观，然后应用之以处世。至于如何的人生观方为美满，我却不敢说。因为我的人生观，未见得真是对的，恐怕能认清最美满的人生观，只有孔子、释迦牟尼有此功夫。我现在将我的人生观讲一讲，对不对，好不好，另为一问题。

我自己的人生观，可以说是从佛经及儒书中领略得来。我确信儒家、佛家有两大相同点：（一）宇宙是不圆满的，正在创造之中，待人类去努力，所以天天流动不息，常为缺陷，常为未济。若是先已造成——既济的，那就死了，固定了，正因其在创造中，乃如儿童时代，生理上时时变化，这种变化，即人类之努力。除人类活动以外，无所谓宇宙。现在的宇宙，离光明处还远，不过走一步比前好一步，想立刻圆满，不会有的，最好的境域——天堂，大同，极乐世界——不知在几千万年之后，决非我们几十年生命所能做到的。能了解此理，则做事自觉快慰。以前为个人、为社会做事，不成功或做坏了，常感烦闷。明乎此，知做事不成功，是不足忧的。世界离光明尚远，在人类努力中，或偶有退步，不过是一现相。譬如登山，虽有时下，但以全部看仍是向上走。青年人烦闷，多因希望太过，知政治之不良，以为经一次改革，即行完满，及屡试而仍有缺陷，于是不免失望。不知宇宙的缺陷正多，岂是一步可升天的？失望之因，即根据于奢望过甚。《易经》说："乐则行之，忧则违之，确乎其不可拔。"此言甚精彩。人要能如此看，方知人生不能不活动，而有活动，却不必往结果处想，最要不可有奢望。我相信孔子即是此人生观，所以"发愤忘食，乐以忘忧，不知老之将至"。他又说："智者乐水，仁者乐山；智者动，仁者静；智者乐，仁者寿。"天天快活，无一点烦闷气象，这是一件最重要的事。（二）人不能单独存在，说世界上那一部分是我，很不对的，所以孔子"毋我"，佛家亦主张"无我"。所谓无我，并不是将固有的我压下或抛弃，乃根本就找不出我来。如说几十斤的肉体是我，那么，科学发明，证明我身体上的原质，也在诸君身上，也在树身上；如说精神的某部分是我，我敢说今天我讲演，我已跑入诸君精神里去了，常住学校中许多精神，变为我的一部分。读孔子的书及佛经，孔、佛的精神，又有许多变为我的一部分。再就社会方面说，我与我的父母妻子，究竟有若干区别，许从人——不必尽是纯孝——看父母比自己还重要，此即我父母将我身之我压小。又如夫妇之爱，有妻视其夫，或夫视其妻，比己身更重的。然而何为我呢？男子为我，抑女子为我，实不易分，故彻底认清我之界限，是不可能的事[①]。世界上本无我之存在，能体会此意，则自己做事，成败得失，根本没有。

①此理佛家讲得最精，惜不能多说——作者原注。

佛说："有一众生不成佛，我不成佛。""我不入地狱，谁入地狱？"至理名言，洞若观火。孔子也说："诚者非但诚己而已也。……"将为我的私心扫除，即将许多无谓的计较扫除，如此，可以做到"仁者不忧"的境域；有忧时，就是"先天下之忧而忧"，为人类——如父母、妻子、朋友、国家、世界——而痛苦。免除私忧，即所以免烦恼。我认东方宇宙未济人类无我之说，并非论理学的认识，实在如此。我用功虽少，但时时能看清此点，此即我的信仰。我常觉快乐，悲愁不足扰我，即此信仰之光明所照。我现已年老，而趣味淋漓，精神不衰，亦靠此人生观。至于我的人生观，对不对，好不好，或与诸君的病合不合，都是另外一问题。我在此讲学，并非对于诸君有知识上的贡献，有呢，就在这一点。好不好，我自己也不知道。不过，诸君要知道自己的精神饥荒，要找方法医治，我吃此药，觉得有效，因此贡献诸君采择。世界的将来，要靠诸君努力。

书目

001. 唐诗
002. 宋词
003. 元曲
004. 三字经
005. 百家姓
006. 千字文
007. 弟子规
008. 增广贤文
009. 千家诗
010. 菜根谭
011. 孙子兵法
012. 三十六计
013. 老子
014. 庄子
015. 孟子
016. 论语
017. 五经
018. 四书
019. 诗经
020. 诸子百家哲理寓言
021. 山海经
022. 战国策
023. 三国志
024. 史记
025. 资治通鉴
026. 快读二十四史
027. 文心雕龙
028. 说文解字
029. 古文观止
030. 梦溪笔谈
031. 天工开物
032. 四库全书
033. 孝经
034. 素书
035. 冰鉴
036. 人类未解之谜（世界卷）
037. 人类未解之谜（中国卷）
038. 人类神秘现象（世界卷）
039. 人类神秘现象（中国卷）
040. 世界上下五千年
041. 中华上下五千年·夏商周
042. 中华上下五千年·春秋战国
043. 中华上下五千年·秦汉
044. 中华上下五千年·三国两晋
045. 中华上下五千年·隋唐
046. 中华上下五千年·宋元
047. 中华上下五千年·明清
048. 楚辞经典
049. 汉赋经典
050. 唐宋八大家散文
051. 世说新语
052. 徐霞客游记
053. 牡丹亭
054. 西厢记
055. 聊斋
056. 最美的散文（世界卷）
057. 最美的散文（中国卷）
058. 朱自清散文
059. 最美的词
060. 最美的诗
061. 柳永·李清照词
062. 苏东坡·辛弃疾词
063. 人间词话
064. 李白·杜甫诗
065. 红楼梦诗词
066. 徐志摩的诗

067. 朝花夕拾
068. 呐喊
069. 彷徨
070. 野草集
071. 园丁集
072. 飞鸟集
073. 新月集
074. 罗马神话
075. 希腊神话
076. 失落的文明
077. 罗马文明
078. 希腊文明
079. 古埃及文明
080. 玛雅文明
081. 印度文明
082. 拜占庭文明
083. 巴比伦文明
084. 瓦尔登湖
085. 蒙田美文
086. 培根论说文集
087. 沉思录
088. 宽容
089. 人类的故事
090. 姓氏
091. 汉字
092. 茶道
093. 成语故事
094. 中华句典
095. 奇趣楹联
096. 中华书法
097. 中国建筑
098. 中国绘画
099. 中国文明考古
100. 中国国家地理
101. 中国文化与自然遗产
102. 世界文化与自然遗产
103. 西洋建筑
104. 西洋绘画
105. 世界文化常识
106. 中国文化常识
107. 中国历史年表
108. 老子的智慧
109. 三十六计的智慧
110. 孙子兵法的智慧
111. 优雅——格调
112. 致加西亚的信
113. 假如给我三天光明
114. 智慧书
115. 少年中国说
116. 长生殿
117. 格言联璧
118. 笠翁对韵
119. 列子
120. 墨子
121. 荀子
122. 包公案
123. 韩非子
124. 鬼谷子
125. 淮南子
126. 孔子家语
127. 老残游记
128. 彭公案
129. 笑林广记
130. 朱子家训
131. 诸葛亮兵法
132. 幼学琼林

133. 太平广记
134. 声律启蒙
135. 小窗幽记
136. 孽海花
137. 警世通言
138. 醒世恒言
139. 喻世明言
140. 初刻拍案惊奇
141. 二刻拍案惊奇
142. 容斋随笔
143. 桃花扇
144. 忠经
145. 围炉夜话
146. 贞观政要
147. 龙文鞭影
148. 颜氏家训
149. 六韬
150. 三略
151. 励志枕边书
152. 心态决定命运
153. 一分钟口才训练
154. 低调做人的艺术
155. 锻造你的核心竞争力：保证完成任务
156. 礼仪资本
157. 每天进步一点点
158. 让你与众不同的 8 种职场素质
159. 思路决定出路
160. 优雅——妆容
161. 细节决定成败
162. 跟卡耐基学当众讲话
163. 跟卡耐基学人际交往
164. 跟卡耐基学商务礼仪
165. 情商决定命运
166. 受益一生的职场寓言
167. 我能：最大化自己的 8 种方法
168. 性格决定命运
169. 一分钟习惯培养
170. 影响一生的财商
171. 在逆境中成功的 14 种思路
172. 责任胜于能力
173. 最伟大的励志经典
174. 卡耐基人性的优点
175. 卡耐基人性的弱点
176. 财富的密码
177. 青年女性要懂的人生道理
178. 倍受欢迎的说话方式
179. 开发大脑的经典思维游戏
180. 千万别和孩子这样说——好父母绝不对孩子说的 40 句话
181. 和孩子这样说话很有效——好父母常对孩子说的 36 句话
182. 心灵甘泉